À la lumière d'une grande âme

Rencontres merveilleuses avec Maître M

AMBRE
ÉDITIONS

1279 Chavannes-de-Bogis, Suisse.
www.editions-ambre.ch ou .fr
contact@editionscheminsdevie.ch
Version originale : Licht einer großen Seele. Begegnungen mit einem Meister aus dem « Land der Stille ». 2001, Verlag Drei Eichen.
Version révisée : Licht einer großen Seele. Wundersame Begegnungen mit Meister M. 2018, Edition Spuren.
ISBN : 978-2-940594-39-9

À la lumière d'une grande âme

Rencontres merveilleuses avec Maître M

Traduction et adaptation de l'allemand :
Ursula Gehriger avec le soutien précieux de Yolande Favre

AMBRE
ÉDITIONS

TABLE DES MATIÈRES

L'APPEL VENANT DU PAYS DU SILENCE

Mario Mantese, aujourd'hui Maître M, poursuivait une brillante carrière de musicien, qui allait se terminer brutalement à l'issue d'une soirée de gala en 1978, lorsqu'un coup de couteau l'atteint en plein cœur et le laisse cliniquement mort pendant plusieurs minutes. En se réveillant de son coma au bout de quatre semaines, il comprend qu'il est aveugle, muet et entièrement paralysé. Durant sa bouleversante épreuve de la mort, il se rend compte qu'il est en train de vivre sans son corps physique dans un autre monde et prend conscience, à travers cette expérience cruciale, que sa vie n'a jamais été un événement lié à un corps. Il découvre aussi qu'en réalité il vit à tout jamais libre de tout concept et de toute représentation : intemporel, sans mort et sans limites.

Cette réalisation a provoqué une résurrection solaire dans la lumière divine. Il s'était immergé dans ce qui existe au-delà de la vie et de la mort, et au-delà de l'espace et du temps. Il s'était immergé dans l'infini en tant que personnalité et plus rien n'en a jamais resurgi : l'infini l'avait absorbé et il est devenu ce qui l'avait absorbé.

Ceux qui le connaissent depuis plus longtemps témoignent d'événements merveilleux, surprenants et bouleversants qu'ils ont vécus dans sa présence lumineuse. Profondément touchés par une grâce universelle, ils ont découvert en eux des profondeurs insoupçonnées.

Dans ce livre, on trouvera des récits étonnants, rapportés par des personnes de cultures et de pays différents, des récits qui s'alignent comme les perles sur un collier et qui témoignent d'un éclat qui n'est pas de ce monde. Elles y évoquent leurs rencontres avec Maître M. et son travail universel. Maître M. dit de lui-même : « Je ne suis rien ni personne, c'est pourquoi je suis réellement ici ! »

Voici comment une journaliste décrit les premiers instants d'une interview qu'elle a menée avec Mario Mantese : « La pièce paraît devenir plus claire. La source lumineuse, c'est l'homme aux yeux rayonnants assis en face de moi. Un îlot de calme et de sérénité au beau milieu de l'agitation de notre temps. Avec lui, j'ai l'impression que je peux me lancer dans l'entretien sans autre forme de procès. Son regard ouvert plonge directement dans les yeux de son vis-à-vis, sans rien d'intrusif pourtant. Il semble traverser les vêtements, les couches de peau et les tissus pour pénétrer dans les coins et recoins les plus secrets de l'être. C'est un homme extraordinaire de normalité ».

Ce livre montre de façon saisissante comment l'Univers divin guide cet être et que ses paroles, dans leur profondeur insondable, sont des actes qui expriment la totalité et la réalisent. Les paroles sont pure force spirituelle, c'est ce qu'il nous montre clairement. Elles sont la vie et ce pour quoi elles ont été émises va s'accomplir.

Un monde de miracles et de beauté se dévoile au lecteur et lui ouvre le regard sur la trame lumineuse et illimitée du monde. On y apprend comment, en sa présence calme et claire, l'impossible devient possible.

Les vécus relatés ici emmènent le lecteur pour un voyage dans l'Univers intérieur infini où l'être humain est entièrement redéfini dans ce qu'il est.

Sous cet éclairage enfin, on lira et on relira avec un regard neuf ses livres *Au Pays du Silence* et *Au cœur du Monde* (chez le même éditeur) et on redécouvrira tout à la fois leur contenu et Mario Mantese.
Il dit : nous sommes bien plus que nous ne pensons et que nous nous imaginons !

Né de l'essence

Shodo Harada Roshi,
maître zen du monastère de Sogen-ji, Japon

Dans l'expérience religieuse du zen, l'expérience de la mort est absolue et définitive. Dès les temps les plus reculés jusqu'à maintenant, personne jamais n'a réalisé le chemin du zen sans passer par l'expérience de la mort. Tous ceux qui se consacrent au zen et empruntent ce chemin vont irrémédiablement vers l'expérience de la mort.

Pour définir cette réalisation, le bouddhisme zen utilise le mot satori, qui ne désigne toutefois pas un état particulier mais bien l'expérience même de la mort intérieure. Le véritable et pur état d'être de l'humain passe par cette mort intérieure. Satori, c'est l'essence même de cet état d'être, où l'on ne s'attache plus à rien, vraiment à rien de rien : tout lâcher, c'est cela, satori.

Maître Mario a vécu la mort physique dans des circonstances extrêmement douloureuses et, au travers de cette expérience difficile, il a retrouvé une vie entièrement nouvelle. Cette expérience extraordinaire lui a permis de réaliser la conscience pure : satori ! Son rayonnement, les paroles qu'il prononce, sa façon de voir émanent véritablement de quelqu'un qui est mort d'une mort zen dans toute sa signification.

Pour tant de gens qui sont dans le désarroi, enfermés dans leurs malentendus, Maître Mario est un grand enseignant et accompagnateur. Ses paroles sont abouties et claires, issues et remplies de l'essence même. Je suis heureux d'avoir trouvé un ami aussi merveilleux en chemin. Aussi souvent que nous sommes ensemble, je perçois cela dans mon corps tout entier. Maître Mario est un enseignant extraordinaire. Par son cœur pur et la grande force qu'il rayonne, il incarne et montre le chemin de la vérité, il « délivre » sans discontinuité, sans répit !

Pas de ce monde

Herbert Werner, Allemagne

En passant la porte de cette arrière-salle, j'ai croisé immédiatement le regard de Mario Mantese – qui levait les yeux à ce moment précis. Intérieurement je me suis arrêté net alors que mon corps a continué de se déplacer à travers la salle. J'ai su instantanément que je venais de pénétrer dans une autre dimension. Une fraction de seconde, son regard puissant, qui transperce tout, avait arrêté la marche du temps. Aujourd'hui je me dis que c'est là que ma vie tout entière a basculé : une force supérieure l'a réorganisée pour la lancer dans une toute nouvelle direction.

La rencontre a débuté peu après. Tout d'abord c'est son corps souffrant qui m'a frappé. Sa démarche était mal assurée et certains de ses mouvements semblaient exiger une grande concentration. J'étais étonné de voir avec quel calme et quelle précaution il bougeait son corps encore légèrement handicapé. Par moments, il ne parlait pas très distinctement, sa langue était restée en partie paralysée, une des séquelles de son grave accident. Mais derrière ces aspects purement extérieurs, j'ai découvert un esprit très éveillé, clair et extrêmement dynamique qui inondait de son immense rayonnement la salle tout entière.

« Aujourd'hui nous quitterons ensemble l'espace et le temps pour entrer dans le silence universel » nous a-t-il dit d'emblée. Après nous être assis tous bien droit sur nos sièges dans le calme et le silence, nous avons senti la vibration de lumière dans la salle s'élever prodigieusement. Elle nous a irradiés et fait accéder à un état clair, intemporel. Cette énergie forte a servi de base à ses paroles ardentes qui traversaient tout. Après nous avoir parlé de cette manière impressionnante, il nous a invités à poser nos questions.

Une personne plus âgée s'est annoncée.
Question : Peux-tu me dire comment faire pour surmonter la grande peur que je ressens face à la mort ?
MM : **Tes yeux peuvent-ils se voir eux-mêmes ?**
Question : Non, mais qu'est-ce que cela a à voir avec ma mort ?
MM : **As-tu vu ta propre mort pour avoir tant peur d'elle ?**
Question : Ma propre mort, non, je ne l'ai pas vue, mais j'ai perdu quelqu'un qui m'était très proche. La fin abrupte qui nous guette et qui efface tout me fait très peur. Je ne sais pas comment m'y prendre avec cela.
MM. **Le processus que tu appelles mort, tu l'as vu en dehors de toi-même, tu as perdu quelqu'un. Les impressions, les images et les informations de ce qui s'est passé sont enregistrées dans ton cerveau. Si tu y regardes de plus près maintenant, tu verras que ce sont ces images et impressions-là qui déclenchent de telles peurs et émotions en toi.**
Tu as admis que toi, le sujet, tu puisses avoir pour objet un autre être et posséder cet autre être, et maintenant tu l'as perdu et tu es triste. Or cet être-là, t'a-t-il vraiment appartenu pour que tu croies maintenant l'avoir perdu ? Comment peut-on perdre un être ?
Vois clairement, il ne s'agit pas ici de la mort en soi mais des représentations que tu as de la mort, de tes opinions et perceptions, du sentiment de possession et de perte, de tous ces processus qui se déroulent dans ton cerveau. Vu sous cet

angle, la mort ne se passe que dans ton cerveau.
Tu ne peux pas te voir t'endormir ou mourir car ton corps n'a rien à voir du tout avec des processus intérieurs. Mais toi, tu es fermement convaincue que tu es à la fois le corps et les sens qui perçoivent. Mais toi, ce « Je », qui croit que je dors, que je me réveille, que je vis, que je meurs, ce je n'est pas ton corps car ton corps ne peut ni penser ni parler. Ton corps est uniquement l'instrument qui te permet d'exprimer des pensées et des sentiments en paroles et en actes ! Ce « Je » n'est qu'une idée, il n'est rien de réel ou de consistant. Il se construit uniquement à partir d'impressions, d'images et d'informations subjectives, qui ne sont rien d'autre que des apparitions dans la conscience.
Les souvenirs sont pareils à des ombres dans la brume, qui s'évanouissent instantanément dans le néant aussitôt qu'ils ont été reconnus comme étant ce qu'ils sont.
Si tu reconnais clairement cela, alors la mort est morte et avec elle celui qui perçoit, le créateur de ces mystifications. Tu n'es pas ce que tu penses ou que tu penses être car ce que tu es vraiment ne se laisse ni penser ni exprimer avec des mots.
Vie et mort ne te sont pas hostiles. Comment le pourraient-elles ? – Elles ne sont que des reflets dans la conscience.
Un être que tu as profondément aimé a quitté ce monde et maintenant tu es triste. Oui, c'est une expérience triste et douloureuse pour ceux qui restent.
Mais à présent regarde au plus profond de toi-même et reconnais : cet être n'a jamais véritablement été ce corps que tu as perçu, il existait uniquement comme reflet sensoriel dans ta conscience, comme une représentation subjective.
Tu prends conscience des objets en dehors de toi-même parce que tu t'identifies avec le corps. Mais tu n'es pas un corps. Les corps n'existent que comme superpositions, à

l'intérieur d'une représentation sensorielle.
Tous les objets et l'univers tout entier sont contenus dans la totalité, c'est pourquoi il est impossible qu'il y existe quelque chose comme un « Je », un « Tu » ou d'autres encore. N'aie pas peur de quelque chose qui n'existe pas en réalité. Tu es sans mort ! Ne confonds pas ce qui est perçu sur le plan subjectif avec ce que tu es réellement.

Visiblement émue, la personne l'a remercié, quelque chose de fondamental avait été clarifié en elle.

Les puissantes leçons de cette journée ont pénétré profondément en moi et beaucoup de ses messages complexes ont ressurgi dans mes souvenirs plus tard, bien des semaines après la rencontre. Entre-temps ils avaient agi en profondeur dans mon for intérieur, ils avaient clarifié et réglé beaucoup de choses sans que je m'en sois vraiment rendu compte. Une lumière puissante m'avait pénétré et touché les strates les plus profondes de mon être. C'était comme si une eau cristalline avait lavé et dissous des couches et des couches de crasse.

Ma vie à cette époque venait d'être profondément bouleversée quelques mois auparavant. Les difficultés et les désaccords s'étaient accumulés et concentrés à tel point que je n'étais plus en mesure de les résoudre. Après une ultime tentative de mise au point, le conflit tout entier s'est littéralement engouffré dans mon corps en l'espace d'un instant : je l'ai clairement ressenti. D'un jour à l'autre, des douleurs physiques et une fièvre ont embrasé mon corps tout entier. Je suis resté couché pendant des semaines dans cet état. Retiré en moi-même, j'ai laissé brûler ce feu d'enfer, il n'y avait rien d'autre à faire. À la fin, j'en suis ressorti fortement amaigri et chacun de mes mouvements était douloureux. Maintenant j'étais assis face à lui, lui qui avait enduré des souffrances physiques autrement plus violentes que moi, et qui était assis là, calme, rayonnant comme un soleil. Ses limitations physiques paraissaient presque irréelles car c'était lui sans doute l'être le plus sain et le plus fort dans toute la salle. D'écouter et de voir tout cela a été extrêmement encourageant et bénéfique pour moi.

L'Étoile du Sinaï

Après plusieurs rencontres, j'ai éprouvé le très fort besoin de m'entretenir personnellement avec lui car mon état de santé ne s'était pas vraiment amélioré et je ne cessais de m'affaiblir. À cette époque, il était encore possible de lui rendre visite en Suisse. Entre-temps, il s'est entièrement retiré de ce plan personnel et dit que ceux qui désirent le voir et lui parler peuvent le faire pendant ses rencontres et ses darshans.

Nous avons été accueillis très chaleureusement et après très peu de temps déjà nous étions entrés dans le vif de mon sujet. Je lui ai dit que j'étais très malade, ce à quoi il a répondu : « Le « Je » est toujours malade, en fait c'est lui la seule maladie. » Il est resté assis tout tranquillement et il a fermé les yeux. Puis il a ajouté spontanément : « Dans sept semaines, il y aura du nouveau dans ta vie. N'hésite pas à l'accepter, mais ce sera différent de ce à quoi tu t'attends maintenant. »
J'étais curieux car j'avais appris entre-temps que ses paroles sont des actes et que ce qu'il dit doit et va arriver.

Six semaines plus tard, ma femme et moi nous trouvions en Israël, dans le Sinaï. Nous logions dans une auberge qui ressemblait à un vieux caravansérail. La chambre était minuscule avec en guise de lits des nattes de jonc étendues à même le sol de béton. L'auberge portait le nom de « Star of Sinaï ». Un soir, peu avant que je ne m'endorme, une lumière éclatante s'est révélée soudain dans mon cœur. Jaillissant d'un noyau infiniment petit dans mon for intérieur, elle s'est mise à briller comme un soleil. Elle a envahi mon corps tout entier et m'a enveloppé d'un sentiment de bien-être et de chaleur. Je l'ai accepté, rempli de gratitude. À ce moment précis, j'ai su avec une certitude absolue que j'étais sauvé. J'ai senti la toute-présence de Mario – ses paroles s'étaient accomplies.

J'avais attendu ma vie durant que cette lumière merveilleuse apparaisse en moi. Maintenant cela venait de se réaliser véritablement et, depuis ce jour-là, elle ne m'a plus quitté. Depuis ce jour-là aussi, j'ai éprouvé le besoin brûlant de me consacrer tout entier à cette lumière libératrice, rédemptrice. Dès lors qu'elle est apparue, tout est rentré petit à petit dans l'ordre. C'était le fondement pour retrouver pleinement ma santé, tant intérieure qu'extérieure. À cette époque je ne pouvais que pressentir ce qu'est réellement Mario Mantese et qui il est, et bien que je le connaisse maintenant depuis de longues années, il est et demeure insaisissable. Son amour et sa bonté reflètent quelque chose qui n'est pas de ce monde.

Pas à pas vers la lumière

Bien des années plus tard, lorsque Mario Mantese a créé les Cercles intérieurs, le travail avec lui s'est encore approfondi, m'ouvrant à une dimension toute nouvelle. C'était la première fois dans ma vie que je me sentais en de bonnes mains, bien entouré. Au travers de son corps de lumière universelle, il s'est mis à révéler dès ce moment-là un rayonnement de plus en plus intense qui a brisé le « Je ». Je me suis senti libre de quitter ma vie ordinaire et de dépasser tous mes comportements habituels. Cette nouvelle lumière n'a pas manqué de faire surgir des ombres encore, venant de mes tréfonds. Elles ont influé directement sur ma vie de tous les jours, souvent avec une très grande force. Il a fallu beaucoup de courage et de confiance pour les surmonter car, souvent, c'étaient exactement ces aspects sombres là que j'avais toujours esquivés. Pendant cette phase dramatique et difficile de ma vie, je suis toujours resté pleinement conscient de la nécessité de ce processus de dissolution et aussi de son origine. Je savais que la lumière libératrice qui émane de Mario était en tout temps à mes côtés, m'emmenant de l'obscurité intérieure vers la lumière éternelle avec douceur et un amour incommensurable. Dans cette gigantesque force de lumière, ni les limitations ni les petitesses ne tenaient plus. Mon corps s'est transformé progressivement, chaque cellule s'est mise petit à petit au diapason de la vibration très élevée de ce champ de lumière universel jusqu'à ce que je prenne conscience un jour que j'étais entièrement guéri de ma grave maladie et que je n'y retomberais plus jamais. Cette nouvelle lumière était désormais la dominante de ma vie. Une fine perception intuitive, une pure capacité de ressentir se sont développées sur cette base calme et claire. Parfois, lorsque la vigilance devient don de soi, le corps physique et le monde manifesté apparaissent dans cette douce lumière comme étant périphériques. Les processus s'accomplissent à la surface de l'existence et passent comme des nuages, les objets de ce monde éphémère perdent leur force et leur importance et ne sont plus que des manifestations secondaires. Cette force sacrée pénètre le corps avec douceur et le comble de vitalité et de bien-être. La personnalité s'abandonne à cette grâce et elle reconnaît qu'à l'origine elle est identique à toutes les choses, elle renonce à sa particularité et se dissout. Il n'y a plus rien à atteindre, c'est la fin de tous les efforts !

L'autre visage du maître cosmique

Quelques années plus tard, nous l'avons rencontré encore une fois en Suisse. Nous avions rendez-vous devant la gare de la ville où il habitait à l'époque. Je le cherchais du regard de l'autre côté de la rue et c'est là que je me suis rendu compte que je n'arrivais pas à me faire une image de son visage. Lorsqu'il s'est approché un peu plus tard, il m'a paru aussi familier que d'habitude.

C'était une belle journée d'été et nous nous sommes décidés pour une promenade au bord du lac. L'occasion était rêvée de lui poser quelques questions mais finalement il ne m'en est venue aucune, j'ai marché à côté de lui en silence. En sa présence, le cerveau devient calme, le flot des pensées s'apaise. Pendant la promenade, j'ai senti sa présence comme une impulsion énergétique immensément forte, qui pénètre tout et qui élève. C'est ainsi que nous avons marché à cinq le long des rives du lac dans un parfait silence.

Nous étions en route depuis un moment déjà lorsqu'il s'est arrêté subitement. Nous avons regardé par-delà le lac vers les montagnes proches où des nuages bas et lourds chargés de pluie, venant de l'ouest, envahissaient le ciel. De fortes rafales de vent balayaient déjà la campagne, signes avant-coureurs de l'orage. À mon avis, nous aurions réussi à rejoindre le village à condition de faire demi-tour sur-le-champ et de nous hâter. Or Mario Mantese ne paraissait guère impressionné par l'orage qui fondait sur nous, il était d'avis de continuer notre chemin. Entre-temps le ciel au-dessus de nous était devenu noir d'encre, menaçant. Le vent donnait des coups de boutoir de plus en plus violents, des feuilles tourbillonnaient et les arbres ployaient sous la force qui fondait sur eux. Puis les premières gouttes sont tombées, grosses et lourdes. Il n'y avait personne loin à la ronde, nous étions les seuls en chemin par ce temps. Nous avons fait demi-tour et allongé le pas, le village n'était pas encore en vue. Tout à coup le ciel a ouvert ses vannes et il s'est mis à pleuvoir à verse.

Mario a regardé le ciel, tranquillement, puis il a levé son bras droit. Avec la main, il a esquissé quelques cercles dans l'air, libérant une immense force, et il a arrêté sur-le-champ le front orageux qui commençait à déferler sur nous. Nous avons continué de marcher – pas une seule goutte de pluie n'est tom-

bée sur notre chemin ! Il s'était formé un canal sec, calme et même le soleil brillait à travers une étroite niche, alors que tout autour de nous il pleuvait à torrents et que l'orage se déchaînait. Au bout de vingt minutes environ nous avons atteint le village, secs et bouleversés intérieurement. Comment était-ce possible ? Il levait son bras et les forces de la nature lui obéissaient. Quelque chose de profond s'était transformé en nous, une frontière intérieure avait été balayée. Je me souviens encore de quelques-unes de ses paroles lorsqu'il nous a expliqué cet événement plus tard :
« L'éveillé est vide mais en lui vibrent des billions et des billions de créations : mais celles-ci n'existent qu'en tant que reflets dans la conscience, il n'y a pas d'existence objective. »

Libre des attaches de ce monde

Mario Mantese est ce maître tel que je l'ai toujours espéré. Des maîtres semblables, je n'en connais qu'en Inde. Pour moi, il est de la même lignée que Ramana Maharshi, Babaji, Yogananda ou les maîtres tels qu'ils sont décrits par Baird Spalding. Sans compromis, briseur d'egos, il me fait songer à Poonjaji de Lucknow.

Dans le monde thérapeutique qui m'est familier, on se contente bien souvent de changer simplement de perspective et de relativiser la problématique. En étant ensemble avec Mario Mantese, on voit tout le vieux champ de vie être pénétré, puis libéré et effacé par une force universelle gigantesque. À travers cela un éveil se produit, inconcevable et inexplicable, dans l'amour et la bonté.

Deux soleils se rencontrent

Chi-San, Daichi, USA

Notre maître zen, Shodo Harada Roshi, a les deux pieds bien sur terre. Il est sévère, c'est un maître qui coupe du bois et qui porte de l'eau, il suit la tradition de son maître. Il ne dort que trois heures par nuit et accomplit quotidiennement une somme de travail considérable.

Lorsque Carla Brunetto nous a rendu visite au couvent de Sogen-ji au Japon, elle nous a parlé de Mario Mantese. Elle a insisté pour que nous le rencontrions lors de notre prochaine visite en Suisse. Elle y a mis une telle force de persuasion que nous avons fini par accepter.

Shodo Harada Roshi ne s'intéresse pas aux contacts sociaux, son accord en soi était donc déjà un événement particulier. Il n'avait aucune idée qui était cet homme et sa décision semblait davantage un geste de courtoisie amicale envers Carla. Lorsque nous avons rencontré Mario deux ans plus tard en Suisse, le Roshi lui aussi était étonné de la grande lumière qui inondait la pièce lorsqu'il est entré. Tous les deux ont rayonné comme des soleils au moment où ils se sont vus. Il existe un proverbe zen qui décrit leur rencontre à la perfection : « Lorsque deux miroirs vides se réfléchissent, il n'y a rien entre eux ! » - C'est exactement ce qui s'est passé là.

Je connais notre Roshi depuis plus de vingt-cinq ans ; c'est la première fois qu'il trouvait un ami véritable. Bien que la rencontre ait été importante et sérieuse, ils se sont raconté des blagues, en riant aux larmes. Au cours de leur conversation, ils ont volé dans toutes les directions possibles et imaginables et leurs rires et leur légèreté se sont communiqués à toutes les personnes présentes. Mais ce n'était pas tout, il y avait là encore ce grand silence et cette énergie intense commune à tous les deux. J'ai été surprise de constater combien le travail intérieur qu'ils accomplissaient était identique et ceci bien que leurs instruments, leur histoire et leur façon de s'exprimer soient fondamentalement différents.

Pour moi qui pratique le zen depuis plus de trente ans, cette rencontre avec Mario a été une révélation qui me comble de reconnaissance. Sa façon d'être si particulière m'impressionne. Je l'ai perçu ainsi : il change perpétuellement, il ne reste à aucun moment à une même place et il est pourtant toujours le même intérieurement, inébranlable et souple à la fois, un œil clairvoyant qui ne se ferme jamais, une lumière qui ne s'éteint jamais. Comme il est impossible de le décrire, je vais me concentrer sur quelques-unes des expériences que j'ai vécues avec lui.

Tout l'univers sur une chaise

Notre Roshi avait invité Mario dans notre couvent au Japon. Lorsque nous l'avons reçu une année plus tard, cela m'a pris un moment avant que je puisse le percevoir dans sa dimension intérieure, infinie. De temps à autre, il y a eu des moments, tels des scintillements, durant lesquels j'ai vu qui il était réellement. Mario avait encore de la peine avec son corps lorsqu'il est venu la première fois chez nous, cela a changé entre-temps, sa forme physique s'est étonnamment améliorée.

Tous les soirs, à huit heures un quart, après avoir terminé son travail avec ses élèves, le Roshi grimpait la colline raide pour enseigner le Qi Gong à Mario dans la maison des hôtes. Comme le Roshi ne parle pas l'anglais ni Mario le japonais, j'ai été chargée d'assurer la traduction. Ce soir-là, je suis entrée dans la maison d'hôtes un quart d'heure plus tôt que prévu. Il faisait nuit noire. Je suis descendue doucement le long couloir sombre, il n'y avait personne et pourtant tout allait être différent ce soir. Toutes les lampes étaient éteintes. Mais alors comment se faisait-il qu'une lumière si incroyablement claire brille à la cuisine qui se trouvait au bout du couloir ? Et il n'y avait pas seulement cette lumière claire et douce, tout à coup les murs avaient disparu ! Un profond silence où aucun son n'avait pénétré depuis des millénaires m'a absorbée – il n'y avait plus rien à percevoir par les sens dans cet espace illimité. Devant moi, Mario était installé sur une chaise, serein et détendu. La pièce s'était transformée en un espace infiniment grand, si silencieux et si clair – j'étais totalement subjuguée. J'ai pris conscience qu'il était lui-même cet espace illimité ! Il m'a saluée très tranquillement C'était comme s'il était assis dans l'espace infini de l'univers tout entier, et c'est exactement dans cet espace que j'étais entrée. Ce que j'ai éprouvé et ce qui a été déclenché en moi à ce moment précis est impossible à décrire avec des mots. La machine à penser s'était arrêtée. En y réfléchissant aujourd'hui, je suis sidérée de constater que le souvenir de ce moment s'accompagne d'un sentiment de bonheur ineffable.

Une après-midi, lorsque nous avons bu le thé dans l'atelier de poterie du couvent, j'ai eu enfin l'occasion de lui poser quelques questions : « Qu'est-ce que le bouddhisme pour toi ? »

« Je n'en connais presque rien », a-t-il commencé. « J'ai voyagé dans beaucoup de pays, visité des couvents, parlé avec des moines et des personnes qui le pratiquent. Partout j'ai rencontré une grande recherche de spiritualité sincère et l'on m'a expliqué différents exercices, rituels et techniques de méditation. J'ai demandé ce que l'on cherchait à atteindre avec tous ces efforts. Les réponses se ressemblaient : la délivrance pour tous les êtres vivants, réaliser le nirvana. D'abord l'on devient un bodhisattva et puis, un jour, après de nombreuses réincarnations, un bouddha éveillé. Un homme m'a dit aussi qu'il fallait être content d'être né sous la forme d'un être humain dans cette incarnation.

Mais, comme je te l'ai déjà dit, j'en connais si peu ! Je me suis posé pourtant la question de savoir comment ce « Je » peut devenir un bouddha, quasi comme une récompense au bout d'exercices et d'efforts infinis, puisque celui qui accomplit les exercices est lui-même une illusion. Le bouddha pleinement éveillé est ni un objet, ni un individu, il est l'ici et maintenant qui n'est pas. Comment, au moyen de ces efforts subjectifs, un individu peut-il devenir un non individu, non formé, non né, non fait et non devenu ? Celui qui s'exerce et s'entraîne individuellement obéit à un dogme et crée ainsi une immense hallucination dans son cerveau à travers ce but précis. Il espère et croit à une réalisation individuelle, mais tout son effort est lié au temps et à l'espace, ce n'est rien d'autre qu'un concept. Plutôt que de se donner tant de mal pour devenir ou réaliser quelque chose, il faudrait se poser la question de savoir qui est celui qui veut tout cela, et d'où vient ce besoin de « faire » quelque chose ! Peut-être va-t-on découvrir que celui qui s'exerce et s'entraîne n'existe pas en réalité et que le chercheur est lui-même ce qu'il cherche.

Il n'y a rien qui soit séparé ou au-delà de la Totalité car la Totalité est toujours réalisée. Tu ne peux pas chercher à réaliser quelque chose qui est réalisé depuis toujours ! Cette obstination et persistance à vouloir faire des exercices, c'est comme si l'on niait sa propre existence véritable. Tu es toi-même la Totalité. Il n'y a aucun instant où la Totalité n'est pas.

Vois-tu, il n'y a rien de nouveau à atteindre, sois comme tu es. Ce qui est vraiment, est toujours là, et ce qui est toujours là, c'est toi ! »

Ses paroles puissantes m'ont profondément ébranlée, je ne pouvais pas m'y soustraire. Jusque-là je n'avais jamais encore considéré ce thème avec cette profondeur et cette intensité-là. D'autres événements semblables à celui-ci se sont succédé encore durant le temps qu'il a passé avec nous. Une après-midi, nous nous promenions à Okayama le long d'un petit lac dans le jardin réputé de Korakuen. Les cerisiers fleurissaient dans toute leur splendeur. Je me tenais à côté de lui et nous regardions les grandes carpes onduler dans l'eau transparente. Aucune parole n'avait été dite lorsque, soudain, cette immense énergie, aussi claire que du cristal, infinie, m'a de nouveau enveloppée. J'ai immédiatement cessé d'exister en tant que personnalité. Ce qui a continué à se promener et à parler, c'était seul le battement de pouls de l'univers. Depuis ce jour, je sais qu'il est toujours dans cet état, oui, qu'il est cet état même.

Lors de sa dernière visite, il a parlé durant plusieurs heures devant la sangha, la communauté des moines. Il est la seule personne que notre Roshi autorise à parler à ses élèves au couvent. À cet égard, il est sans compromis aucun.

Avant de pouvoir assister à son allocution, j'avais dû m'occuper d'hôtes qui venaient d'arriver. Lorsque je suis arrivée un peu plus tard, la salle où Mario parlait était complètement transformée. Sur le plan physique tout paraissait comme avant, mais la salle et tous ceux qui y étaient assis vibraient dans l'univers, dans cette force intemporelle et infinie. Il y avait là ce son clair et pur – ce son imperceptible pour l'oreille physique. Mario nous explique des choses que nous savions déjà mais que jamais encore nous n'avions considérées avec cette profondeur-là. Il nous arrache instantanément un voile intérieur et l'on voit les choses tout autrement, avec un regard neuf. Ce qui est fascinant dans tout cela, c'est le synchronisme avec lequel cela se passe. On est comme rafraîchi, légèrement déconcerté, et en même temps incroyablement soulagé. C'est comme si, d'un moment à l'autre, on nous avait délestés d'un grand poids, un poids qui est dissous et effacé. Et ce n'est pas seulement « comme si », cela est véritablement ainsi ! La nouvelle perception qui en surgit immédiatement, a changé à chaque fois complètement ma vie.

La sagesse de Mario et ses paroles profondes sont souvent reprises et discutées en commun dans le couvent où elles sont traitées et préservées avec autant de respect que les paroles des anciens patriarches zen, ce sont véritablement des perles précieuses. Le monde tel qu'il le voit est le même que celui que voit Roshi. Tous deux nous enseignent combien il est important de brûler les rebuts de l'ego, car ce sont ces rebuts qui nous alourdissent et qui nous tirent vers le bas, vers l'obscurité.
Bien que Mario ne médite pas et qu'il ne suive pas de chemin à proprement parler, son être est zen.

La pensée s'arrête là

Renate Felicitas Hartjenstein, Allemagne

Je venais de déménager et j'avais l'ennui du lieu que j'avais quitté. C'est alors que l'une de mes connaissances de longue date, devenue ma voisine, m'a appelée. Elle savait que j'étais souvent confrontée à la thématique de la mort dans ma profession et elle m'a parlé d'un homme qui avait vécu une expérience de mort imminente et qui s'était réveillé aveugle, muet et entièrement paralysé après être resté longtemps dans le coma. Elle l'avait entendu parler de son expérience de « l'au-delà » dans une émission télévisée et avait appris qu'il écrivait des livres et donnait des séminaires. Elle n'en savait guère plus – mais notre curiosité avait été piquée au vif.

Quelques semaines plus tard, nous sommes parties pour Munich, bardées de questions. Dans la salle, nous avons pris place au milieu de tous les autres et nous avons attendu l'orateur avec impatience. La plupart des personnes présentes semblaient se connaître mais elles ne se perdaient pas en longues effusions, comme nous en avions fait l'expérience dans d'autres séminaires. Il n'y a pas eu d'applaudissements lorsque Mario Mantese est entré avec beaucoup de simplicité dans la salle. Il s'est installé sur une chaise près du micro, en arrangeant encore une chose ou l'autre.

Sa façon d'être respirait la discrétion, la concentration

et son rire se communiquait à toute la salle.

Son élocution n'était pas encore tout à fait rétablie, et cela nous a obligées à nous mettre au diapason et à écouter de manière concentrée. Il nous a dit qu'il ne s'agissait pas pour nous d'apprendre mais de désapprendre. Nous avons ensuite été mises à rude épreuve pour arriver à suivre ses explications jusqu'au bout. Les phases de silence, accompagnées d'une musique calme et profonde, étaient bienfaisantes mais mon esprit critique s'est regimbé. La musique pour moi, à coup sûr, ce n'est pas du silence : il fallait que je lui en fasse part.

Il a réagi avec humour, « Pourquoi fais-tu tant de bruit à cause de ces beaux intervalles musicaux ? » a-t-il demandé malicieusement. Avec le temps, j'ai compris que la musique était le bateau qui mène vers le silence.

Après son intervention parlée, il a invité l'auditoire à lui poser ses questions. Deux rangées devant nous se trouvait une personne qui participait aussi pour la première fois à une rencontre, comme la suite allait nous le révéler. Quelqu'un l'y avait emmenée, a-t-elle expliqué. Elle avait levé la main pour poser une question mais elle a commencé par se présenter, en expliquant qu'elle travaillait dans le milieu médical mais aussi comme guérisseuse. Elle a ensuite décrit par le menu ses connaissances ésotériques et les formations qu'elle avait suivies.

Il l'a écoutée patiemment mais ceux qui le connaissaient depuis plus longtemps semblaient pressentir ce qui allait se passer. La personne a continué à s'étendre sur une conférence extrêmement intéressante d'un professeur sur le point oméga, le temps, l'espace et la causalité, à laquelle elle venait d'assister.

J'ai vu briller une étincelle espiègle dans ses yeux lorsqu'il a demandé à cette personne avec l'intensité qui est la sienne : « Peux-tu me dire quelque chose de ce point oméga et du temps et de l'espace ? S'il te plaît, dis-moi, toi qui en sais tant sur ces choses, Dieu est-il un point, ou en a-t-il créé un et, que penses-tu, le monde est-il dans l'espace-temps, ou l'espace-temps est-il dans le monde ? »

La personne est demeurée bouche bée tant cette réponse spontanée l'avait décontenancée. Le restant de la journée, elle n'a pas bougé de sa chaise ; calme et silencieuse, elle a écouté attentivement et, au moment de prendre congé de lui le soir, elle l'a remercié très chaleureusement. Nous ne l'avons plus jamais revue.

À la fin de la journée, nos cerveaux étaient en ébullition. Nous avions essayé de comprendre ce que nous vivions ici, nos têtes étaient pleines à craquer et pourtant nous avions de la peine à nous souvenir de quoi la journée avait été faite. Je me vois encore quitter la salle pour m'asseoir sur une chaise, fermer les yeux et décompresser, pour me libérer un moment de toute impulsion extérieure. Le soir même, nous avons entamé notre voyage de retour avec plus de quatre heures de route. À peine étions-nous installées dans la voiture que les discussions et les analyses ont fusé : beaucoup de questions, beaucoup de choses impossibles à comprendre, mais aussi combien nous avions été touchées par ses yeux, ses mains et aussi l'humour avec lequel cet homme nous avait parlé.

Entre-temps j'ai reconnu en Mario mon maître spirituel et je sais que je resterai avec lui aussi longtemps que je peux recevoir son enseignement. Il est difficile d'expliquer à autrui qui il est exactement et comment il agit, mais je sais maintenant avec certitude qu'il agit pleinement, au plus profond de moi. Je me suis transformée : mes peurs ont disparu, mes attentes s'amenuisent, ma confiance en moi s'est affermie. La clarté – chose que j'ai toujours aimée – a un nouveau visage, une nouvelle profondeur, une nouvelle importance. Entre-temps ma relation avec lui s'est encore intensifiée. Et j'ai fait l'expérience qu'il est prêt, dans son amour incommensurable, à me décharger de mes difficultés si je les lui remets en pensées ou par écrit. Ma vie est devenue infiniment plus claire et elle s'est emplie d'amour.

La petite fille en moi

L'expérience la plus impressionnante date de décembre 1996. Cette fois-là, je m'étais rendue seule à Munich. Je logeais chez une amie non loin du lieu où se tenait le séminaire. À la fin de la rencontre, j'ai passé devant lui pour le remercier et prendre congé, comme d'habitude. Pendant qu'il tenait ma main, il m'a demandé si je voulais dîner avec lui le soir-même. Cette invitation m'a fait très plaisir. Je devais me rendre à vingt heures à l'hôtel Hilton. Oh, un hôtel aussi chic, et moi qui n'avais que mes snow-boots et mes vêtements d'hiver plutôt rustiques. J'espérais au moins que nous ne passerions pas toute la soirée à l'hôtel. En me préparant dans l'appartement de mon amie, je suis devenue de plus en plus nerveuse. Je pensais au film *Pretty Woman*, puis j'ai repris confiance, en me disant que tout se passerait très bien. Je me suis mise en route, j'ai oublié les snow-boots et suis entrée la tête haute dans l'hôtel. Nous étions en période de Noël, le hall d'entrée était plein de monde. Je suis restée là, en cherchant à me repérer. Heureusement, j'ai aperçu tout à coup des visages connus, des gens que j'avais vus au séminaire. Je me suis assise auprès d'eux. Attendaient-ils aussi Mario pour aller manger avec lui ? Oui, mais personne ne savait au juste qui allait encore nous rejoindre. En l'attendant, nous avons commencé à échanger. Ils connaissaient tous Mario depuis bien des années déjà. J'étais déconcertée et je me suis demandé pourquoi il m'avait invitée à une réunion aussi personnelle. Peut-être avais-je souhaité trop ardemment d'être assise une fois près de lui pour pouvoir enfin lui poser toutes mes questions.

À vingt heures précises, il est entré dans le hall. Décision a été prise d'aller manger dans un restaurant chinois de l'autre côté de la rue. Au moment de traverser la rue, nous avons vu que tout était verglacé. Mario m'a demandé de lui donner la main. J'ai senti mon cœur battre à l'idée d'aider ce joyau d'être humain à traverser la rue. J'étais tellement nerveuse ! Il m'a dit d'une voix douce de me détendre. Mais au restaurant j'étais de nouveau comme sur des charbons ardents. J'ai attendu que tout le monde se soit installé et, tiens donc, la place juste à côté de lui est restée libre. Je me suis assise là et j'ai essayé de me décontracter mais je n'avais plus faim. Il m'a demandé de lui couper quelque chose dans son assiette et il s'est entretenu gaiement avec nous tous. À ce moment-là, je ne pouvais pas encore savoir que toutes ces petites choses étaient de précieuses leçons pour moi. Rien ne se passait juste comme cela, tout avait une raison d'être profonde. Peu à peu, la petite fille en moi s'est apaisée. Les discussions étaient intéressantes et, à un moment donné, j'en suis arrivée à parler de mon amie décédée il y avait peu de temps. Je me faisais du souci pour elle parce que je pensais qu'à cause de son manque de foi elle allait être obligée de continuer encore et encore son errance. Il a dit simplement : « Elle va dans la lumière, elle est lumière ». – Ses mots continuent de résonner en moi encore et toujours et me nourrissent.

En quittant le restaurant, il m'a invitée à boire encore quelque chose au Hilton. L'ambiance élégante ne m'effrayait plus maintenant. Nous avons pris place sur un petit sofa, le pianiste de bar jouait sur son piano à queue et nous avons bu un chocolat chaud. Nous étions assis là et mon ego était tout fier de l'avoir à moi toute seule maintenant. Étrangement pourtant, je suis restée sans voix, toutes les questions s'étaient taries.

Nous sommes restés assis en silence un bon moment jusqu'à ce que je m'exclame - cela m'avait littéralement échappé - que je trouvais très drôle et surprenant d'être assise ici toute seule avec lui. « Pourquoi ? » m'a-t-il demandé, en me regardant de son regard chaleureux : « Je ne veux rien de toi, je ne joue pas avec les sentiments des gens. Il fait tout simplement bon d'être assis ici et de boire un chocolat chaud avec toi. »

Je savais qu'il connaissait exactement mon état intérieur. Ses paroles pleines de douceur mais chargées d'une grande force ont pénétré profondément en moi. Elles ont créé un vaste espace chaleureux, très clair, j'ai eu le sentiment d'être à l'abri, protégée.

Mon cœur s'est ouvert pour l'ami véritable de ma vie. Des larmes ont coulé sur mes joues et cette phrase a jailli du plus profond de moi : « C'est ce que j'attendais depuis quarante-quatre ans ! ». Une libération s'était faite en moi, permettant à la vie de couler à plein flots. Finalement l'heure est venue de rentrer et il m'a accompagnée jusqu'à la porte. J'étais si bouleversée que je ne savais pas comment le remercier et prendre congé de lui. Il m'a prise par les épaules en me donnant un baiser sur le front. Je sens aujourd'hui encore la force bénéfique de ce rituel. Cela a marqué le début d'une confiance salutaire jusque-là inconnue – et Dieu seul sait combien cette confiance-là avait manqué dans ma vie.

Il est toujours là

Bien des années plus tard, au cours d'un voyage aux États-Unis, au Brice Canyon Park, j'ai cherché sa proximité : j'avais la nostalgie de son énergie de lumière. Je me suis assise en silence et j'ai fermé les yeux. Tout au fond de moi, j'ai demandé qu'un signe vienne témoigner de sa présence. Lorsque j'ai rouvert les yeux, un écureuil était assis devant moi, me fixant d'un air espiègle. Des larmes me sont montées aux yeux et, en même temps, j'ai souri. J'ai perçu sur-le-champ que lorsque mon cœur est ouvert et présent en toute simplicité, il est en lien avec lui à travers toute chose. Quelle pensée bénéfique ! J'ai ouvert mon cœur et j'ai perçu la nature tout entière avec infiniment plus d'intensité. Partout je découvrais des chutes d'eau, des ruisseaux cristallins, les couleurs de l'été, les arcs-en-ciel et les espaces infinis du ciel. La création s'offre inconditionnellement, tout simplement. – C'est cela qu'il est pour moi ! Je sens cette énergie claire agir avec toujours plus d'intensité en moi et je sens aussi comment elle éveille, aimante, ce qui a attendu et sommeillé si longtemps.

Il y a évidemment beaucoup à faire encore et le chemin avec lui me fait aboutir parfois dans des coins et recoins très désagréables de ma vie. J'ai eu à surmonter bien des embûches, à affronter des thématiques relatives au corps et aussi à traverser des phases dépressives, mais c'est bien cette profondeur-là que je voulais. Et, maintenant, lorsque les problèmes surgissent, ils sont immédiatement accompagnés de solutions et d'offres de soutien. Mon thème aujourd'hui, c'est la légèreté, le rire et davantage d'amour, et je sais que c'est une grâce d'avoir rencontré ce maître. Parfois j'ai l'impression qu'il m'est permis de vivre un bout de ciel sur terre. Je suis très reconnaissante : son amour n'a pas de prix – il a fallu tout un temps pour que je puisse enfin y croire pour de bon. Petit à petit les questions se font plus rares parce que l'expérience avec lui m'a appris que les réponses arrivent souvent en moins de temps qu'il n'en faut pour formuler la question. Quelle bénédiction !

Le maître intérieur et le maître extérieur

Maximilien Hirsch, Allemagne

Je suis assis sur une plage de sable blanc, devant moi la mer des Caraïbes, turquoise. Un pélican plane, élégant et silencieux, au-dessus de moi. Une brise légère sèche mes joues. Quelqu'un m'a demandé il n'y a pas si longtemps quand j'avais pleuré pour la dernière fois. Je ne m'en souvenais pas… Or maintenant, en ce moment précis, je suis si proche de l'amour, tellement comblé, que des larmes de félicité coulent sur mes joues. J'avais souvent pleuré de douleur et de tristesse autrefois, mais jamais de bonheur. C'est le bonheur infini de l'amour qui touche profondément mon cœur et mes yeux aujourd'hui. Il n'y a pas de mots pour exprimer cet état, mis à part peut-être reconnaissance infinie, confiance infinie, humilité et beauté radieuse.

Dans ma vie, j'ai eu à affronter aussi des expériences sombres et douloureuses. La fierté du coq, c'est de lancer son cocorico à la ronde sur le tas de fumier le plus haut et le chemin pour y monter est pavé de crottin : je connais cela. En fin de compte, je pourrais dire que tous les événements survenus dans ma vie ont été plutôt insignifiants. Exception faite d'une rencontre que je peux qualifier après coup d'exceptionnelle. C'est grâce à cette rencontre que j'ai accédé à cet état impossible à décrire dans lequel je me trouve maintenant, libre de toute pensée, et qui me permet de vivre en plein bonheur la merveilleuse nature et le monde des animaux.

L'être que j'ai rencontré, c'est Mario Mantese, Maître M. C'est à travers lui que j'ai saisi que le corps humain et son nom étaient mortels mais non l'amour qui émanait d'un être éveillé. Cette rencontre a transformé ma vie jusque dans ses fondements mêmes. On pourrait remplir sans peine plusieurs livres sur lui. Là, je vais goûter pleinement le plaisir de parler de ma vie présente en profond accord avec lui.

Du chinois à mes oreilles

Cela fait maintenant douze ans qu'a eu lieu notre première rencontre qui m'avait laissé perplexe. C'était à l'occasion d'un séminaire près de Munich. Je dois préciser que jusque-là les gens qui participaient à des séminaires ou à des cours de « sciences-frontières » me semblaient suspects voire ridicules. Je me suis toujours distancé délibérément de tout enseignement venant d'autrui. La plupart des courants ésotériques me rebutaient mais la spiritualité en tant que telle m'attirait fortement. C'est ainsi que l'*Autobiographie d'un Yogi* de Paramahansa Yogananda m'avait profondément touché. Ce que j'allais rencontrer là, c'était le même thème mais vivant, en chair et en os, devant mes propres yeux. J'étais assis face à un maître à travers qui rayonne l'Univers divin.

On m'avait parlé de Mario Mantese comme d'un être très avancé sur le plan spirituel, doté de facultés extraordinaires. On m'avait raconté aussi beaucoup de choses merveilleuses de sa vie. C'était clair pour moi, il fallait que je le rencontre. Et me voici assis face à lui. Je l'ai regardé attentivement. Ensuite il s'est passé quelque chose que je n'oublierai plus jamais : pendant qu'il parlait, mon cerveau s'est mis totalement hors circuit par moments. Ses paroles sonnaient comme du chinois à mes oreilles mais j'en comprenais très bien l'essentiel. Puis il s'est passé ceci : une participante lui a posé une question concernant le karma. De toute évidence, elle connaissait bien le sujet.

Question : Le karma de chacun est-il prédéfini ou chacun a-t-il la possibilité de transformer son karma durant sa vie ?
MM : **Lorsque tu parles de karma, entends-tu la cause et l'effet ?**
Q : Oui, cause, effet et destin.
MM : **As-tu déjà songé à quel moment précis ton propre karma a commencé ?**
Q : Je ne comprends pas ta question.
MM : **Crois-tu à la réincarnation ?**
Q : Je crois que nous sommes tous réincarnés.
MM : **Donc, quand ton karma, ton destin, a-t-il commencé exactement ? Il y a combien de milliers d'années que tu as commencé d'exister et qu'étais-tu avant ?**
Q : Tu m'embrouilles.
MM : **Non, je te dé-brouille ! Quand as-tu commencé d'exister ? En tant que quelque chose d'existant, tu résulterais d'une cause, tu serais un effet, mais quelle a été cette cause, d'où venais-tu ? As-tu commencé par n'être rien, pour ensuite sortir de ce rien ? Mais comment quelque chose peut-il se créer à partir de rien ? Es-tu karma ou as-tu un karma ? Où étais-tu avant que ton karma ne commence ?**

La personne est restée sans voix un moment, puis elle a ajouté :
Q : Je ne peux vraiment pas répondre à ces questions. Je n'ai jamais encore abordé ce sujet de manière aussi conséquente.
MM : **Ce que tu es réellement n'a absolument rien à voir avec le passé, l'avenir et le karma, qui ne sont que des concepts et des malentendus. Le karma n'est qu'une théorie mais toi, tu es tout sauf une théorie ! Reconnais ce que tu**

es réellement ! Tu n'es ni un corps, ni un individu, ni une cause ou un effet, tu es présence intemporelle, présence hors de l'espace. Le karma, tu le perçois en tant que tel, la pensée « Je vois » ou le fait d'attendre que quelque chose se passe, ou l'idée que tu peux changer ou atteindre quelque chose, ce sont les productions d'un « Je » qui pense. Tu n'es pas ce « Je » : « Je » n'est qu'une représentation dans ta conscience. Le karma, c'est ce que tu n'es pas. Dieu, la toute-existence, est l'unique réalité, tu ne peux pas exister en dehors de lui. Dieu n'a pas de karma, sinon il serait lié à l'espace-temps et donc éphémère. Ce que tu perçois par tes sens est la réalité une et indivisible, c'est ce que tu es vraiment, libre de causes et d'effets. La totalité est sans un « Je » individuel, elle est la non-pensée. La non-pensée est le Pays du Silence, le pays des maîtres universels !

Pendant cet échange, une question très spécifique a surgi tout à coup en moi et qui n'avait rien à voir du tout avec le sujet qu'il était en train de traiter. Pendant qu'il parlait, il regardait calmement ses auditeurs, ses yeux irradiaient une force immense. Puis il a plongé son regard dans mes yeux, l'espace d'un instant. Et, sans que personne dans la salle ne semble le remarquer, il a inséré, en aparté, une petite phrase absolument hors contexte dans ses explications. Il me donnait directement une réponse claire et précise à ma question. Puis il a continué comme si de rien n'était. Aucune des personnes présentes ne s'était aperçue de quoi que ce soit. J'étais assis là, perplexe. Ce n'était pas seulement sa clairvoyance qui m'impressionnait mais aussi la façon si particulière qu'il avait choisie de me répondre, avec une précision et une concision remarquables. Brillant, c'est le seul mot qui m'est venu à l'esprit à ce moment-là. Dorénavant, il était clair pour moi que mon vis-à-vis jouissait de capacités que je n'avais jamais encore rencontrées jusque-là. Il était clair aussi que je ne manquerais pas le prochain séminaire, après tout, on ne se retrouve pas face à face avec une telle personne tous les jours.

Lumière contre trac

Bien des années se sont écoulées depuis cette première rencontre et je raconte aujourd'hui ces événements sous l'angle d'une perception tout à fait différente. Tant de choses se sont passées entre-temps. Ce ne sont pas seulement les paroles de cet être, que j'aime par-dessus tout, qui fascinent, non, c'est aussi cette force de lumière extrêmement puissante qu'il irradie.

J'aimerais relater ici un événement pour illustrer sa force infinie. Nous nous connaissions déjà depuis quelques années et ses facultés extraordinaires, ou plutôt ses possibilités, m'étaient devenues plus familières. Je travaillais à cette époque en tant qu'acteur de théâtre et l'on venait de me confier le rôle de ma vie, celui de Sganarelle, le valet de Don Juan dans le *Don Juan* de Molière. Durant les répétitions, j'ai littéralement brûlé les planches, j'ai joué ce personnage avec une telle conviction et une telle fougue que toute la troupe en a été séduite. Pourtant j'ai commencé à avoir le trac une semaine avant la première à cause de la très grande quantité de texte à mémoriser et qu'il fallait dire très vite.

J'avais une peur bleue d'être victime d'un de ces terribles trous de mémoire dont même le meilleur souffleur du monde ne peut vous sortir. La veille de la première, le trac s'est transformé en véritable panique. J'ai pris contact avec Mario pour lui en parler. Il a écouté patiemment et, sans hésiter, il m'a promis de s'en occuper ; il voulait simplement savoir quand et où la première aurait lieu.

Puis, il m'a rassuré : mon cauchemar ne deviendrait pas réalité. Il m'a demandé de le rappeler le lendemain de la première. Si quelqu'un pense en lisant ces lignes que j'ai été manipulé psychologiquement, c'est qu'il ne connaît pas Mario Mantese. Je savais d'expérience que sa parole ne reste pas lettre morte. La première a remporté un immense succès. J'ai tout donné et le public a été conquis. Le lendemain, je l'ai rappelé pour lui raconter que tout s'était passé à merveille. C'est là qu'il m'a dit quelque chose d'étonnant : il m'avait vu sur scène. J'étais sidéré, je ne savais pas comment il me fallait interpréter cela. Ensuite, il est entré dans des détails toujours plus précis et m'a prodigué des conseils, comme l'aurait fait un bon régisseur. Lorsqu'il a détaillé par le menu la façon dont j'avais traversé les planches dans une certaine scène, avec tous mes gestes, et qu'il y a ajouté des suggestions pour améliorer mon jeu, je n'en croyais pas mes oreilles. Il connaissait très exactement tout ce qui s'était déroulé sur scène pendant la durée de la pièce. Quant à la scène qu'il venait de me détailler, c'était uniquement à la première qu'elle a été jouée de cette façon ! Cet être ne pouvait pas seulement lire dans nos pensées comme nous autres nous lisons le journal, non, il pouvait encore suivre dans leurs moindres détails des événements qui se passaient à plus de quatre cents kilomètres.

Un ange gardien en Thaïlande

Une autre aventure vécue avec lui révèle pleinement sa présence cosmique. Cet événement reste hors de tout entendement, il est tellement extraordinaire qu'il ne peut être que difficilement décrit dans toute sa complexité.

Cela s'est passé dans le Triangle d'or entre la Birmanie, le Laos et la Thaïlande. Dans un terrible accident de moto, au milieu de la jungle, sur une piste boueuse, mon genou a littéralement éclaté en morceaux et mon pied gauche s'est entièrement fissuré. En une fraction de seconde, j'ai su qu'il y allait de ma survie. À des kilomètres à la ronde, il n'y avait personne pour m'aider. Intérieurement j'ai commencé à appeler Mario avec ferveur, avec toute mon âme et toute ma dévotion envers lui. J'étais sûr qu'il m'entendrait, où que son corps se trouve sur cette planète ! J'ai réussi à ligaturer les saignements les plus violents. Une demi-heure plus tard environ, quelqu'un est apparu dans ce lieu désert.

À mon grand étonnement, il s'est avéré que c'était un ancien soldat sanitaire américain de la guerre du Vietnam, établi depuis plus de vingt ans en Thaïlande. Il s'appelait Cary et maîtrisait parfaitement la langue du pays. Il m'a transporté dans un tout petit dispensaire où il n'y avait pas de médecin : c'est une jeune infirmière qui m'a donné les premiers soins et qui a tenté de rabibocher, sans narcose, mon pied.

Mon sauveur tombé du ciel et que je connaissais depuis une heure à peine, est resté près de moi et m'a aidé à supporter toute la procédure extrêmement douloureuse. Ensuite, il a organisé mon transport sur le pont d'un camion jusqu'à un hôpital dans le nord de la Thaïlande.

Après deux semaines et demie, j'étais enfin de retour à la maison. Les médecins ont déclaré qu'une opération du genou n'était plus envisageable, trop de temps s'était écoulé depuis l'accident. Les os s'étaient déjà ressoudés et le pied aussi était complètement infecté. La gangrène s'y était mise et les spécialistes me prédisaient que cela prendrait au moins trois mois avant que les tissus ne repoussent. C'est alors que j'ai appelé Mario pour l'informer de mon état. Il m'a dit de ne pas m'inquiéter, qu'il prendrait soin de moi et que c'était important de ne jamais perdre de vue le chemin de la libération. Un immense poids m'est tombé des épaules car je savais qu'il pouvait aussi dire non facilement.

Et puis – ô miracle – après trois semaines les tissus de mon pied s'étaient entièrement régénérés. Trois mois après ce grave accident, je marchais de nouveau et aujourd'hui on n'y voit plus rien ou presque. Pendant ce processus de guérison, je ne l'ai pas vu une seule fois mais six mois plus tard je suis allé en Suisse pour le remercier. Nous étions assis ensemble au bord d'un lac et je lui ai parlé de mon sauveur américain Cary. C'est là qu'il m'a dit quelque chose d'inouï : « Je connais Cary. Einstein a dit : Dieu ne joue pas aux dés. »

Quelques mois plus tard, complètement guéri, je suis retourné en Thaïlande parce que je voulais aussi dire toute ma reconnaissance à Cary. Lorsque je l'ai revu, je lui ai parlé de Mario et quelle n'a pas été ma surprise lorsqu'il m'a confirmé qu'il le connaissait. Ils s'étaient rencontrés dix années auparavant à Bangkok : ils avaient eu tous les deux une longue conversation très profonde. On peut s'imaginer tout ce qui s'est passé alors dans mon cerveau !

Pour moi il n'y a qu'une seule explication : cet être est l'œil pur de tout ce qui est, rien d'autre que l'amour pur lui-même. Il n'est pas possible de traduire en mots ce qu'est son existence. Sans doute y a-t-il encore beaucoup de maîtres réalisés sur cette terre, qui jouissent de mêmes forces, mais c'est lui que j'ai rencontré et je ne cesse de m'émerveiller. La gigantesque force de lumière qu'il irradie éveille l'amour en tout être et fait s'épanouir ce qu'il y a de meilleur en l'être humain, au sens profond. Ce que cela signifie de vivre dans une clarté absolue et un amour absolu, on peut le voir de ses propres yeux lorsqu'on regarde Mario Mantese. Il est l'exemple vivant de l'amour réalisé, illimité, rien d'autre.

Une dépendance est effacée

Quelques années avaient passé lorsqu'il nous a annoncé que le temps était venu où des possibilités nouvelles s'offraient à nous pour approfondir encore ce travail libérateur. Il a expliqué à tous ceux d'entre nous qui l'accompagnaient depuis de nombreuses années que deux choix étaient dorénavant possibles : soit de poursuivre le travail tel que nous le connaissions, en assistant aux rencontres, soit d'entrer dans le premier des Cercles intérieurs. Nous n'avions bien entendu aucune idée alors de ce que pouvaient être ces cercles intérieurs mais nous étions tous très curieux de ce qui allait advenir.

Lorsque tout a été clarifié, il a ouvert les écluses de la force universelle. La lumière qui émanait alors de lui était à ce point intense que c'était à la limite du supportable pour nous. Des frissons chauds et froids me parcouraient de la tête aux pieds. D'autres tressautaient sur leurs chaises, d'autres encore pleuraient ou riaient tout haut. Ce qui nous arrivait là était incroyable. L'immense porte de lumière qu'il avait ouverte pour nous est devenue l'essence de ma vie. Quelle expérience ! Mon cœur tout entier était en flammes. Jusque-là jamais rien ne m'avait touché aussi profondément.

J'avais alors vingt-neuf ans et j'étais un fumeur invétéré. Plusieurs fois, j'avais essayé en vain de me libérer de cette dépendance. Et voilà que, dans ce moment d'une intensité inconcevable, un seul instant a suffi pour m'en débarrasser à tout jamais. Je n'ai plus jamais touché une seule cigarette depuis lors. La phrase qu'il avait prononcée une fois à ce sujet est restée en moi : « Tu commences par fumer une cigarette – puis c'est elle qui te fume. »

Pour conclure, j'ajouterai encore que jusqu'à ce jour je n'ai rencontré personne qui n'ait pas été sensible à son humour. Sa façon de questionner les choses est extrêmement profonde. Son humour est unique, tout comme son apparition. Et pourtant Mario Mantese n'est pas un saint sur un piédestal. Il va au cinéma, il lit les journaux et vit avec sa famille, parfaitement intégré dans la société. Comme il ne cesse de nous le répéter : « Il ne s'agit pas d'être ou de devenir quelque chose de spécial, mais d'être normal et aimant – pour le cas où vous l'auriez oublié. Être normal, ce n'est pas quelque chose d'ennuyeux mais quelque chose d'extraordinairement profond. »

La lumière du mahatma

Ma Sowmia, Inde

Je suis arrivée en 1996 à Tiruvannamalai où je vis et travaille depuis lors dans l'ashram Athiti. J'accomplis mon travail en l'honneur de Sri Ramana Maharshi, l'un des saints indiens les plus importants de ce siècle : il est décédé le 14 avril 1950 dans la montagne sacrée Arunachala dans l'Inde du Sud. Mario Mantese est venu nous rendre visite presque chaque année pendant quelques jours. Il est un ami personnel de longue date de Swami Hamsananda, le responsable de l'ashram. Durant ses séjours ici, Mario vit très retiré et ce n'est qu'au printemps 1999 que j'ai fait sa connaissance. Le sourire, le calme profond et la plénitude qu'il rayonne agissent d'une manière très particulière et très profonde sur les êtres.

J'ai connu une vie très turbulente et difficile. En fait, je n'aurais pas dû naître car ma mère a pris des pilules au début de sa grossesse pour empêcher ma naissance. Tout cela m'a beaucoup affaiblie et jusqu'à ma cinquième année j'étais trop chétive pour tenir sur mes jambes.

J'ai souffert de crises d'épilepsie et il m'a fallu ingérer des médicaments durant toute mon enfance. Tout cela m'a donné le sentiment que je n'appartenais à personne hormis à Lord Shiva. Heureusement que mes parents me conduisaient régulièrement chez sa Sainteté Sri Chandrasekarendra Saraswati Shankaracharya à Kanchipuram, le chef d'une grande communauté spirituelle très ancienne. Avec grande compassion, ce saint homme a formé et marqué ma vie.

Bien des années plus tard, après avoir terminé mes études de médecine à Bangalore, j'ai entendu l'appel spirituel. J'ai laissé ce monde pour me rendre à Tiruvannamalai et y mener une vie spirituelle retirée. L'ablation d'une tumeur, qui a impliqué une opération compliquée, a représenté une grande césure dans ma vie. L'intervention n'a pas été vraiment couronnée de succès car la tumeur a repoussé rapidement, provoquant de fortes douleurs lorsque je marchais ou que j'étais assise.

C'est à ce carrefour de mon existence que Mario Mantese est entré dans ma vie. Jusque-là je n'avais parlé à personne de cette affection mais il a vu ma souffrance intérieure. Cela s'est donné tout naturellement que je lui raconte l'histoire de ma vie. Il m'a écoutée calmement puis il m'a expliqué de manière approfondie que les souffrances physiques et psychiques étaient étroitement liées chez moi. Il avait remarqué mon désintérêt vis-à-vis de tout et m'a encouragée à changer cela sans attendre. Il m'a laissé entendre que si je souhaitais vraiment ce changement il serait volontiers prêt à m'accompagner. Oui, j'étais prête.

Il m'a demandé ensuite d'aller au puits dans le jardin des palmiers et de lui rapporter une petite cuvette remplie d'eau. Je n'avais aucune idée de ce qu'il voulait en faire. J'ai posé la cuvette devant lui sur une table et il m'a fait signe de m'asseoir.

Il a longuement regardé l'eau en passant quelques fois ses mains au-dessus de la cuvette. Puis il m'a invitée à en boire un verre. Une force gigantesque, inconnue rayonnait dans cette eau qui a déployé immédiatement un effet guérisseur. J'ai senti sur-le-champ une transformation profonde dans ma psyché, mon esprit s'est apaisé et mon corps a commencé à se détendre.

J'étais profondément surprise de cette réaction puissante.

Les jours suivants il m'a provoquée avec des questions étranges, il me semblait qu'il changeait constamment d'attitude à mon égard. Une colère incroyable, des sentiments de solitude mais aussi de grand amour montaient en moi de façon incontrôlée. Pendant tout ce temps, il était assis là et me regardait, apparemment dans une complète indifférence – ce qui a encore aiguillonné ma colère et le sentiment de ne pas être aimée.

Au bout d'une semaine tout avait passé et un calme véritable s'est installé en moi. Quelque chose de profond et de très ancien avait disparu de mon être, une grande transformation avait eu lieu.

Il a souri en ajoutant simplement que le voyage était terminé. Mon corps a commencé à se rétablir. Plus tard il m'a montré quelques exercices simples pour stabiliser ma santé. Par rapport à un autre problème de santé cependant, il m'a fait clairement comprendre que je devais dès à présent assumer ma propre responsabilité pour mon corps, qu'il me fallait consulter un médecin et qu'il n'était pas compétent pour cet aspect de mes antécédents.

Pendant des années je m'étais refusée à consulter un médecin mais à présent tout se faisait très naturellement. Plus tard il m'a expliqué que le temps et l'espace n'étaient pas des obstacles et qu'il me soutiendrait à l'avenir aussi. Entre-temps je sais qu'il en est effectivement ainsi !

Mario est un observateur exceptionnel. Il ne lui avait pas échappé qu'une des vaches de l'ashram, surnommée Lakshmi, se montrait souvent agressive. Depuis quelque temps, elle ne donnait même plus de lait. Avec la même attention aimante, il a préparé de l'eau pour elle dans une cuvette, la vache a bu cette eau et, tiens, elle s'est calmée et a perdu son agressivité.

La nouvelle s'est répandue ici que Mario était un être exceptionnel. Toujours plus de personnes viennent à lui pour recevoir sa bénédiction : des familles entières avec leurs enfants, des vieux couples et aussi des sadhus. Ils viennent pour le darshan et les malades pour leur guérison. Tous le savent : il est un saint indien qui vit dans un corps européen ! J'ai vu de mes propres yeux comment il a ramené à la vie une fillette de neuf ans sur le point de mourir et pour qui les médecins avaient perdu tout espoir. Il a accompli nombre de choses merveilleuses – les gens ici le vénèrent.

Un sadhu, un jeune homme vigoureux au regard éveillé, était venu pour le darshan avec trois hommes. Ils ont joint leurs mains et se sont assis à ses pieds. Dans l'entretien, le sadhu a précisé qu'il allait bientôt se retirer dans l'Himalaya pour qu'on l'y oublie et pour demeurer inconnu.

MM : **Qu'attends-tu de cela ?**

Question : je pense que c'est pour moi la meilleure voie pour ma réalisation.

MM. **Imagine-toi, tu es pendant vingt ans dans l'Himalaya, inconnu et oublié de tous, puis tu rencontres par hasard quelqu'un qui te connaît d'autrefois. Qu'en est-il alors de tes efforts pour demeurer inconnu et pour être oublié ?**

Le sadhu était plus qu'étonné de cette question.

Q. S'il te plaît, continue.

MM. **Comment te rendras-tu dans l'Himalaya ?**

Q. En grande partie à pied.

MM (rit) : **Je comprends. Donc là-haut, où tu veux aller, c'est Brahman, le Soi, qui t'attend.**

Q. Je vois où tu veux en venir.

MM. **Le Soi est ici et maintenant. Comment penses-tu te rendre chez cet « ici et maintenant », et quand penses-tu arriver là-bas ? Tu ne peux aller nulle part, tu es cet ici et**

maintenant. Par un malentendu, tu penses aller et venir, et arriver à un moment donné. Mais il n'y a aucun endroit où tu pourrais aller, tu es ici, maintenant, sans espace ni temps. L'Himalaya n'existe qu'en tant qu'image mentale dans ta conscience. Tu n'es tout de même pas cette existence imaginaire, qui n'est qu'une superposition, une apparition dans la conscience. Cette manifestation n'apparaît qu'au travers du concept de la pensée « je », et avec lui la représentation d'un corps, d'un individu qui pense ressentir et agir de façon autonome, et organiser sa vie selon sa volonté. Tu es Brahman et non pas le reflet dans la conscience, mais ce reflet non plus n'existe pas séparé de Brahman, tout est un, ici et maintenant. Arrête ton voyage, tu es arrivé. Il n'y a jamais eu de voyageur !

Mario rayonnait d'une lumière immense. Les quatre hommes étaient assis là, profondément touchés, les yeux du sadhu brillaient comme des soleils. Ensuite ils ont touché ses pieds et se sont retirés en le remerciant. Les deux jours suivants, le sadhu est revenu pour lui exprimer sa reconnaissance et recevoir sa bénédiction. Mario m'a dit plus tard que ce sadhu était un homme exceptionnel qui avait perçu ses paroles intuitivement et immédiatement, et réalisé l'essentiel.

Mario Mantese est un être hautement développé sur le plan spirituel. Il peut guider et accompagner des êtres, aussi ceux dont on ne s'imaginerait pas qu'ils se décident un jour pour un chemin spirituel. En toute humilité, je rends ici hommage à Sri Mario Mantese.

Le « sans nom » a un nom

Gisela Schröpfer, Allemagne

J'ai toujours été en quête – déjà en tant qu'enfant, puis confirmande et jeune fille. Je voulais toujours m'élever, aller plus haut, quoi que cela puisse être. Cela m'a entièrement occupée jusqu'à ma quarante-neuvième année. J'ai lu l'*Ancien* puis le *Nouveau Testament* et je n'ai compris ni l'un ni l'autre. Pourquoi étais-je née dans le péché, pourquoi le Christ était-il mort sur la croix pour moi ? Je me suis même surprise à demander à mon reflet dans le miroir : qui suis-je, d'où est-ce que je viens, où est-ce que je vais ?

Mémoires du futur, ce titre étrange d'un livre a marqué un tournant. Y avait-il une vie en dehors de la planète Terre ? Le yoga, le training autogène, la méditation, l'intelligence créative et le reiki ont suivi. Thorwald Dethlefsen a déblayé ma tête. *Le destin, une chance à saisir**, un livre accompagné d'un enseignement oral d'un tout autre genre : enfin une nouvelle perspective. L'astrologie était si logique. Chaque être entre dans cette vie avec sa chance et son fardeau très personnel.

Il n'y avait pas qu'une seule vie, enfin il y avait une justice. Les cours avec lui se terminaient avec cette indication qu'il ne suffisait pas de suivre du doigt le trajet sur une carte géographique pour aller à Vienne, chacun devait vraiment s'y rendre lui-même. Et maintenant ? Sur le plan théorique, tout avait été discuté. Retour à Dieu dans l'unité, oui, mais comment ? Il faut se débarrasser de l'ego, oui, mais comment ?

Le jour de mon quarante-neuvième anniversaire en

* ÉditionsAmbre

1987, il est arrivé enfin quelque chose de très concret : mon cœur a été profondément touché. Je n'avais jamais encore vécu chose pareille. Nous avions laissé tomber ma fête d'anniversaire pour nous rendre en Allemagne du Nord, pour voir les « Externsteine ». Nous avions entendu qu'il y avait là quelqu'un qui était à même de changer le karma de l'être humain. C'est là que nous avons rencontré la première fois Mario Mantese. Il était entré si discrètement dans la petite salle que nous l'avions pris d'abord pour un participant au cours.

Sur le chemin du retour, mon mari a dit qu'il n'avait encore jamais vécu une méditation aussi puissante. Nous avions vécu tous deux un effleurement de lumière dans nos cœurs. À partir de ce moment, notre vie a commencé à se transformer. Immédiatement après la méditation intensive qu'il avait appelée « Entrer dans le Grand Silence », il avait dit : « J'ai fait rayonner quelque chose et quelques-uns me l'ont rendu ! ». À partir de là, nous avons participé deux fois par an à ses rencontres de Munich. Comme il le souhaitait, nous n'avons pas mangé de viande ni bu d'alcool durant les trois jours précédant la rencontre. Nous l'avons fait, même si à cette époque nous ne savions pas encore exactement pourquoi.

La colère s'essouffle

Après quelques années, lors d'une rencontre, il m'a invitée avec mon mari dans sa chambre d'hôtel. Avant de toucher nos têtes et de nous unir dans la lumière, il nous a demandés si nous étions prêts aussi à affronter des temps difficiles. Nous l'étions !

Une force subtile s'est posée comme une coiffe sur ma tête et a pénétré profondément en moi. Puis sont venus ses mots libérateurs : « Mais tu sais très bien t'y prendre ! » Ce qu'il entendait par là, je n'allais pas tarder à l'apprendre le lendemain soir déjà. Nous avons traversé Munich à pied plein d'entrain et heureux.

De retour à la maison, repris par le quotidien et tendus encore par notre journée au bureau, nous avons mangé debout à la cuisine. Je venais de reprendre mon souffle pour répondre vertement à une remarque de mon mari, mais je n'ai pas réussi à sortir un seul son. Tout à coup, il n'y avait plus rien, plus d'irritation du tout en moi, elle était effacée. C'est ainsi que j'ai vu comment nous avions commencé très finement à nous transformer intérieurement.

Il est avec tous ceux qui sont avec lui

D'être avec lui recèle quantité de miracles. Les questions brûlantes, il y répond pendant son exposé sans qu'on ait à les lui poser. J'en ai fait l'expérience dès les premières rencontres jusqu'à ce que mes questions se tarissent d'elles-mêmes. C'est lui au contraire qui nous pose ses questions insolites. Des questions auxquelles nous ne pouvons pas répondre. Il vit intérieurement dans un état illimité que nous ne sommes pas à même de saisir. Il connaît les noms de tous ceux qui sont venus une ou deux fois à une rencontre, et il y a là plusieurs centaines de personnes entre-temps. Il sait tout de l'état de chacun d'entre nous. Je me souviens d'un épisode lors d'un séminaire intensif à Zurich. Il avait expliqué que l'on ne pouvait pas participer à ce séminaire sans y avoir été invité, nous le savions tous. Après cette information, il est resté silencieux pendant quelques instants, comme s'il attendait quelque chose. Et, tiens, quelques minutes plus tard, la porte s'est ouverte et trois personnes, qui n'étaient pas invitées, sont entrées dans la salle mais elles ont été priées de repartir derechef. Il a montré une fois de plus qu'il était aimant mais sans compromis aucun.

Voir le monde sous une autre lumière

Après bien des années il nous a invités en Suisse, chez lui. J'étais très intimidée et pour la première fois de ma vie j'ai été prise d'un violent mal de tête. Lorsque nous nous sommes promenés au bord du lac, il a posé rapidement sa main sur ma tête, il a déplacé légèrement ma nuque, en me demandant de regarder le lac. Intuitivement, j'ai senti de vieilles scories intérieures glisser dans l'eau pour s'y dissoudre. Les maux de tête ont disparu sur-le-champ. Le soir, nous avons mangé dans un restaurant gastronomique original, installé dans un wagon de chemin de fer transformé, et j'ai été surprise de l'atmosphère calme et aimable qui y régnait. Cela a pris tout un moment jusqu'à ce que je comprenne que c'était sa présence à lui qui créait cette atmosphère paisible.

Le lendemain nous avons pris le bateau pour nous rendre sur une très belle île, une réserve naturelle, avec un ancien couvent et une auberge. Sur le chemin de l'île, il s'est passé quelque chose d'étrange. Je me suis sentie subitement très légère, comme enchantée. Les gens étaient loin, très loin, le paysage incroyablement lumineux et d'une merveilleuse beauté. L'explication n'allait pas tarder.

Mon amie Marlou, qui était aussi de la partie, a demandé à brûle-pourpoint : « Dis, Mario, qu'est-ce qui vient de se passer là, est-ce que tu nous as tous transportés ailleurs ? » Il a acquiescé en souriant. L'espace d'un instant, il avait élevé notre vibration à tel point que nous avons pu percevoir le monde sous une tout autre lumière. En fait, ces enseignements-là expriment au mieux ce qu'il est réellement. Ils ouvrent des portes cachées au tréfonds de l'être et font tomber des frontières intérieures.

Le travail libérateur s'approfondit

Lors de notre première visite chez lui, j'ai pris

conscience que c'est sa présence qui nous purifie et nous fait avancer sur le chemin libérateur qu'il incarne. Une rencontre privée avec lui commence toujours avec tant de simplicité. Puis il se passe une quantité incroyable de choses : une phrase, une histoire qu'il raconte et voilà des perspectives nouvelles qui s'ouvrent d'emblée. Marlou m'a demandé une fois : « Comment réussit-il à gérer cette formidable force ? » La réponse a jailli spontanément : « Cette force, il ne la possède pas, il l'est ! »

À l'occasion de cette visite en Suisse, j'ai pu lui poser quelques questions après le repas.

Question : N'existe-t-il pas des méthodes ou des possibilités qui nous aideraient à accélérer ce processus de libération ?

MM : **Toutes ces quantités de dogmes, de méthodes, d'exercices et de techniques sont illusoires et vouées à l'échec, tu en as fait l'expérience toi-même. Celui qui les pratique succombe à l'illusion d'être un individu indépendant qui peut se fixer un but et le réaliser au prix d'efforts délibérés.**

Or il n'est lui-même qu'une apparition illusoire dans la conscience, comment quelque chose de réel peut-il se former à partir d'une illusion ? L'acteur tout comme ses actes sont non-réalité. Reconnaître l'irréalité de cette non-réalité n'est ni une méthode ni une technique mais une vision intuitive spontanée. Cette vision, cette façon de voir est extrêmement dynamique : c'est comme lorsqu'on allume la lumière dans une pièce sombre. L'obscurité se dissout immédiatement et personne ne sait où elle a disparu. La lumière a un effet énorme sur l'obscurité, la vision intuitive spontanée a un effet énorme sur les malentendus, les confusions et les illusions.

Q. Qu'entends-tu par réalité ?

MM : **La réalité n'est ni un objet ni un sujet. La réalité, la totalité est ce que tu es vraiment, ici, maintenant ! Ces exer-**

cices, cette volonté, cette attente, ces faits et gestes, c'est ce chemin-là qui fait que l'on s'éloigne à la vitesse de la lumière de ce que l'on est réellement. Le « Je » est assis pendant des heures en pleine méditation, l'ego qui médite fait l'expérience du calme et de la satisfaction pendant un certain temps, mais comme ces états sont produits par l'ego lui-même, ils se volatilisent dès qu'on cesse de méditer. On a inventé tant de chemins, de méthodes et de dogmes qui ont réussi à induire en erreur d'innombrables êtres. Reconnais-tu ce que je te dis ? Tu ne peux pas te trouver toi-même parce que tu es ce que tu aimerais trouver. Donc quelles méthodes ou techniques voudrais-tu apprendre maintenant ? (il sourit d'un sourire espiègle.)

Q : Je ne suis pas sûre d'avoir bien compris ce que tu entends par vision intuitive ? Pourrais-tu me l'expliquer encore une fois ?

MM : **La vision intuitive ne signifie pas que l'on voit quelque chose de spécifique. Cette façon de voir est ta réalité la plus profonde, immédiate, indissociable. Cette vision est au-delà de ce qui est vu. Dans cette vision apparaît la conscience et en elle l'univers, la corporalité. La conscience va s'identifier avec le monde qui apparaît ; c'est ainsi que se crée l'impression d'un « Je » et en même temps la représentation d'un « Tu », donc d'un « Mien » et d'un « Tien ». Tu crois que tu es à la fois ce corps et le monde que tu perçois par le biais de tes sens, mais la conscience pure où se reflète l'univers entier, ne connaît ni individus, ni diversité, ni « Je », ni « Tu ». Au travers de l'apparition des vêtements charnels avec leurs instruments sensoriels, la conscience se reconnaît elle-même, elle se reflète elle-même. Donc, que crois-tu être réellement ? Dis-moi à présent tout ce que tu aimerais encore faire pour être toi-même ?**

Après que j'ai entendu ces paroles, tout a été différent. Tout ce que j'avais pensé « être » jusque-là s'est relativisé et dissipé.

Les moments les plus forts sont ces moments d'initiation, comme je les appellerais, tels qu'ils se vivent dans les Cercles intérieurs de ce travail spirituel. Ces cercles offrent un approfondissement extraordinairement intense de ce travail libérateur et j'estime que c'est une grâce de pouvoir y participer. Je n'ai jamais encore entendu un être parler avec autant de force que lui lorsqu'il parle dans ces cercles. Ce qu'il dit et formule, doit se faire et se fera. Sa voix est une force transformatrice. Dans ces moments, elle semble faire bouger l'univers tout entier et le transformer. Il a dit une fois « Vous allez ressentir maintenant un élancement au niveau du foie. » Avant même qu'il ait terminé sa phrase, nous avons tous ressenti cet élancement. Le sens profond de ces événements n'est pas discuté en public.

Lors d'un dîner en Suisse, lorsque nous avons pu lui rendre visite encore une fois, nous sommes restés assis dans un cadre merveilleux, baignant dans la force de lumière universelle qui émane de lui. C'est là que ma quête a pris fin définitivement.

Depuis lors, je ne suis plus en quête. Je sais que j'ai été mise sur la voie qui est juste pour moi, je suis là où j'ai toujours voulu aller. Il y a là quelqu'un qui me prend délicatement par la main et qui m'aide à évoluer. Je sais qu'il faut de la patience, de la vigilance, de la simplicité et de l'amour – tout cela est présent en abondance chez lui.

Treize années ont passé, les plus belles et les plus prometteuses de ma vie. Le premier effleurement du cœur, que j'avais alors perçu à peine plus grand qu'un point, est devenu maintenant une porte largement ouverte par laquelle je puis entrer : la Porte de la Lumière et de l'Amour.

La perle d'amour

Heidi Ruge, Allemagne

Un psychothérapeute réputé tenait une série de conférences à Munich et une psychologue allemande y avait invité Mario Mantese comme auditeur. J'y assistais également en tant qu'auditrice. À la pause, un homme impressionnant, d'humeur enjouée, m'a frappée. Lorsqu'il s'est soudain approché de moi, j'ai été bouleversée en voyant son corps handicapé, je n'avais pas eu l'impression jusque-là qu'il souffrait de quoi que ce soit. C'était étrange, nous nous sommes dit bonjour comme de vieux amis, avec cette impression de se connaître depuis toujours. J'étais très touchée et je lui ai demandé ce qui était arrivé à son corps. Il a souri d'un air insouciant et m'a révélé qu'il avait été impliqué dans un accident, que l'Univers l'avait poignardé. Interloquée, j'ai d'abord pensé que je n'avais pas bien entendu mais il m'a invitée à lire son livre *J'ai vécu ma mort*, en ajoutant que j'y trouverais tout cela. La conférence s'est poursuivie et nous sommes restés assis côte à côte pendant cette dernière demi-heure. J'étais si bouleversée intérieurement que je n'ai plus réussi à suivre la conférence et c'était très bien ainsi. D'inexplicables flux de lumière me traversaient, j'étais incapable de penser une seule pensée clairement ! Ce n'est que bien plus tard que j'ai compris que tous les chakras, les centres spirituels, s'étaient ouverts d'un seul coup en sa présence, comme des boutons de fleurs intérieures qui s'épanouissaient au soleil.

Des boutons qui avaient tant attendu pour éclore et fleurir.

Non, jamais encore je n'avais rencontré un tel être, un être qui possédait une telle force et qui, de surcroît, pouvait offrir cette énergie lumineuse et sacrée aux autres. J'en étais absolument certaine : seule une âme libérée pouvait rayonner cette force immense. Plus tard il m'a envoyé son livre en cadeau, dont la complexité m'a touchée et qui m'a laissé une profonde impression. J'étais sûre et certaine d'une chose maintenant : il me fallait repenser ma vie de fond en comble mais par où commencer ?

Mario donnait aussi des séminaires, comme il me l'avait appris lui-même. C'est ainsi que je me suis mise en route quelques mois plus tard pour la Suisse. À l'époque son élocution n'était pas encore aisée et c'était parfois difficile de le comprendre mais il nous a tout de suite avertis qu'il ne s'agissait pas de saisir tous les mots, que ce n'était pas tellement important de tout comprendre et que son message allait nous atteindre à coup sûr mais tout simplement pas comme on se l'imaginait.

À l'issue du séminaire, nous avons eu l'occasion de nous entretenir avec lui. J'en ai profité pour lui demander s'il ne donnerait pas des séminaires en Allemagne aussi. Après avoir examiné attentivement ma demande, il a accepté. Au départ, c'est un petit groupe d'auditeurs qui s'est réuni en Allemagne : cela a bien changé par la suite. D'année en année, ils ont été plus nombreux à participer aux rencontres. Tous ont découvert qu'ils rencontraient là un être d'exception.

Lorsque je lui avais rendu visite en Suisse pour discuter les derniers détails de son premier séminaire en Allemagne et que nous en avions fait le tour, nous avons bu du thé vert japonais qu'il apprécie beaucoup. À ce moment, je lui ai posé une question.

Question : Lorsque j'étais assise à côté de toi à Munich lors de cette conférence, j'ai eu l'impression de pénétrer directement dans un monde de lumière intemporel. Jusque-là je n'avais jamais vécu une chose pareille ! As-tu fait quelque chose de particulier pour provoquer cela en moi ? Cette expérience a été si exceptionnelle et bouleversante que ma vie en a été entièrement changée ensuite.
MM. **Tu n'as fait que « dé-couvrir » ce que tu es réellement. Cette « dé-couverte » n'a rien à voir avec moi. L'enseignant est vide, libre du faire et du non-faire, libre d'ombres et de malentendus. Lorsqu'une ombre rencontre le soleil, elle se dissipe immédiatement, elle n'a jamais été autre chose qu'un phénomène du soleil. L'être humain apparaît sur le plan relatif en tant que conscience du « Je », pareille à une ombre. En réalité pourtant, il est pure conscience et dans cette pure conscience il n'existe ni de « Je », ni de « Tu », ni qui que ce soit d'autre.**

L'image que tu as de ma personne et l'idée que j'ai fait quelque chose se créent à partir de ta propre perception subjective. C'est ta propre représentation, une création de ton esprit. Cette perception subjective n'a en fait rien à voir avec l'objet lui-même, étant donné que cet objet n'existe pas de cette manière en réalité. Il n'existe qu'en tant que perception, la tienne ! Vois-tu, le sujet qui perçoit n'est lui aussi qu'une apparence, une illusion, dès lors comment l'objet perçu pourrait-il être réel ? Tous ces « Je » et ces « Tu », la terre, la lune, les étoiles et les soleils, ce ne sont que des créations dans la conscience, les visions vides d'un rêveur qui lui aussi n'est qu'une apparence.
« Je » n'existe qu'en tant qu'apparence dans la conscience dans laquelle tu me perçois. Cela signifie que ce que nous paraissons être, toi et moi, n'existe que sur le plan phénoménal, éphémère, limité et perceptible pour les sens. La réa-

lité, donc ce que tu es réellement, est intemporelle, sans forme, sans espace et non perceptible. Lorsque les représentations et les malentendus sont éliminés, la gloire de Dieu se révèle.

J'avais écouté attentivement ses paroles si puissantes et j'étais extraordinairement heureuse qu'il ait accepté de parler dorénavant en Allemagne aussi.

L'aventure de la normalité

Les années avec lui n'ont pas manqué de laisser des traces chez moi. Au début, pour sortir des rails d'une vie faite d'habitudes figées, il a fallu avancer à petits pas. C'est au cours de ce travail libérateur avec lui que je me suis rendu compte à quel point je m'étais égarée. Il a fallu surmonter des abîmes et des gouffres intérieurs mais peu à peu ma vie s'est transformée dans un sens bénéfique. Sans cesse il m'exhortait à la patience et, dans son amour et sa clarté, l'embrouillage intérieur s'est défait.

Jamais il ne me laisse en rade – ni moi, ni aucun d'entre nous : infatigablement il apporte son aide partout où il peut. Par le cœur, nous sommes tous profondément liés à lui. J'ai souvent demandé son soutien lors de problèmes physiques ou lorsque mon âme était trop bousculée et son aide m'a toujours été assurée, parfois même de manière tout à fait surprenante et mystérieuse. Un beau jour, enfin, le sens de mon existence m'est apparu dans toute sa clarté. Il avait dit une fois qu'il était un flux qui coulerait éternellement, qu'il n'y avait aucun endroit où arriver ni aucun but à atteindre. Cela a pris tout un temps avant je ne puisse voir et réaliser pleinement ce message puissant mais maintenant il vaut pour moi aussi. Être un flux qui coule, être vigilant et aimant, cela n'est pas de la théorie dans ce travail mais bien la base fondamentale, absolue de ce qu'il est réellement, lui. Il rit avec modestie de lui-même et de ceux qui voudraient projeter quelque chose de particulier et d'extraordinaire sur lui. Inlassablement il nous invite à l'aventure de la « normalité ».

Des mondes au-delà de l'entendement

Benedikt Schlegel, Suisse

Les cristaux de neige étincelaient au soleil. Du haut du Piz Lagalb une vue extraordinaire s'offrait à nous sur les montagnes de l'Engadine. Les sommets saupoudrés de neige fraîche brillaient merveilleusement sous le ciel bleu. Après une petite pause, ma compagne de route s'est élancée la première dans la pente raide en dessinant une trace légère avec ses virages télémark élégants. Nous avions fait connaissance la veille à l'occasion d'un dîner chez un ami commun. Son regard vif et clair m'avait tout de suite frappé et son dialecte bavarois sonnait joyeusement à mes oreilles. Arrivée au bas de la pente, elle m'a fait signe : à toi maintenant. Un petit élan et me voilà sur mon snowboard à glisser à sa rencontre sur le magnifique tapis neigeux – avec mon cœur qui battait la chamade.

Au grand jamais, même dans mes rêves les plus fous, je ne me serais imaginé que la flèche de Cupidon me conduirait à travers elle à mon maître spirituel. En visite chez mon amie à Munich, j'ai rencontré Maximilien, un de ses amis proches, autour d'un café et des gâteaux. Je me sentais bien en compagnie de ses amis. Dans cette ambiance chaleureuse, une discussion animée s'est engagée, et nous avons insensiblement glissé vers des sujets philosophiques. Maximilien s'est épanoui et m'a raconté sa rencontre impressionnante avec Mario Mantese. La description détaillée qu'il a faite de la personne m'a fasciné.

Maximilien a répondu à quantité de mes questions, entre autres pourquoi il avait arrêté de manger de la viande et aussi de fumer. Puis il a souligné encore que beaucoup d'aspects du travail avec Mario Mantese n'étaient pas faciles à expliquer avec des mots mais que si je participais à l'un de ses séminaires en automne, j'y verrais très certainement plus clair. En rentrant, mon amie m'a dit qu'elle venait d'acheter un livre de Mario Mantese, dont le titre *Aufbruch in die Ewigkeit* a titillé ma curiosité. À peine étions-nous arrivés chez elle qu'elle m'a glissé le livre dans les mains pour que je puisse en lire un ou deux passages sans attendre. Après quelques pages déjà, une force magique m'a attiré de plus en plus profondément dans l'aura du vieux Shanghai et dans les mystères de la loge du Dragon d'or. Le contenu, ce voyage énigmatique, a fait résonner quelque chose d'inconnu en moi, qui n'avait pas encore été découvert. J'avais la ferme certitude d'avoir trouvé une chose très précieuse et je percevais la force qui émanait de ce roman.

L'effet ne s'est pas fait attendre. Peu de temps après, mon amie et moi avons arrêté de manger de la viande, de boire de l'alcool et de fumer. Il me semblait avoir été touché par une force invisible. C'était étrange : je n'avais pas eu besoin de fournir les gros efforts de volonté habituels pour me libérer de ces dépendances et vieilles habitudes, oui, elles s'en sont allées tout naturellement. J'étais étonné car même si je pensais sans doute souvent à Mario et que je sentais sa présence, je ne l'avais encore jamais rencontré en personne.

En novembre 1996, Maximilian m'a fait savoir qu'un darshan aurait lieu chez lui à la maison avant la rencontre d'automne. Il m'y conviait très cordialement. Je n'avais aucune idée de ce que signifiait le mot « darshan » mais j'étais fermement décidé à faire la connaissance de Mario sans plus attendre. Nous étions tous assis en silence dans une pièce toute en coins et recoins et je ne pouvais pas le voir de ma place. J'attendais donc avec impatience mon tour de l'approcher. Le voici, je me suis agenouillé devant lui et j'ai fermé les yeux. Il a touché légèrement mes épaules, puis ma tête. J'ai senti ses mains chaudes et vigoureuses. Puis, soudain, j'ai entendu un léger sifflement, c'était la première piste, le sens plus profond de cette rencontre personnelle : « C'est le moment de se réveiller ! ». J'ai tout de suite compris ce premier message qu'il m'adressait.

Lentement j'ai rouvert les yeux et j'ai croisé son regard. J'ai plongé dans des yeux lumineux et rieurs et j'ai regardé dans le cosmos infini. Une vague de joie m'a submergé. L'été précédent j'avais lu *La vie des maîtres* de Baird Spalding et j'avais été fasciné par ces récits. J'étais agenouillé là et, à ce moment précis, j'ai su qu'un de ces êtres exceptionnels, tels qu'ils sont décrits dans ce livre, était assis devant moi. Cette rencontre a changé ma vie car je venais d'en trouver le tracé lumineux.

Lorsque la lumière fait pression

Un jour Mario m'a demandé si nous pouvions nous voir, il souhaitait publier une interview qu'il avait donnée en Inde. En raison du tirage élevé, je lui ai proposé d'imprimer cet entretien. Il a accepté et m'a donné les documents nécessaires. Je ne me doutais guère à ce moment que cette commande allait faire office pour moi de leçon, taillée sur mesure. L'imprimerie n'a pas respecté le délai convenu, Mario, quant à lui, m'appelait sans répit pour me demander quand il allait enfin recevoir les premiers exemplaires. J'ai tenté de le faire patienter, en vain. « Quel être impatient », ai-je pensé, énervé, dans mon for intérieur. Mais très vite, force m'a été de constater que cette étiquette ne lui collait pas du tout et que j'étais invariablement renvoyé à moi-même. J'ai bu une tasse de thé, je me suis calmé et j'ai constaté, en y regardant de plus près, que ma patience n'était qu'apparente et qu'elle cachait simplement la crainte d'une confrontation désagréable. En fait je souhaitais contourner élégamment cet écueil au lieu de m'y confronter, aussi parce que l'imprimeur comptait parmi mes connaissances. Mais j'étais prêt maintenant à affronter la difficulté. J'ai fait taire tous mes faux-fuyants et je me suis rendu derechef à l'imprimerie où j'ai protesté haut et fort contre cette négligence. Les choses se sont mises à bouger. Une semaine plus tard, l'imprimeur m'apportait en personne les exemplaires tout frais sortis de presse – ils s'accompagnaient, pour moi, d'une leçon bénéfique et d'une prise de conscience très salutaire pour ma propre vie professionnelle, où j'occupe une fonction dirigeante. C'était là un avant-goût de ce qu'allait susciter dorénavant en moi cette attitude ferme et sans compromis de Mario, qui agit comme un stimulant clarificateur et libérateur sur tous les plans.

Invité au Japon

Plusieurs années ont passé. Un beau jour, il m'a demandé de but en blanc si j'avais envie de l'accompagner dans un voyage au Japon qu'il projetait de faire en automne avec sa compagne. Mes plans de vacances n'étaient encore inscrits que dans les étoiles et ma réponse a fusé avant que je puisse y réfléchir ; j'ai accepté sur-le-champ avec grand enthousiasme. Le voyage nous a conduits à Okayama chez Shodo Harada Roshi, maître zen et supérieur du monastère « Sogen-ji » dans le sud-est du Japon.

Mario y est un hôte très bienvenu et toujours attendu avec grand plaisir. L'accueil a été extrêmement chaleureux cette fois-ci aussi. À peine avions-nous déposé nos bagages dans la maison d'hôte et revêtu les kimonos préparés pour nous comme le veut la tradition, que le Roshi nous a reçus pour le thé dans une pièce magnifique au sol couvert de tatamis. La profonde amitié qui le lie à Mario sautait aux yeux dès les premiers instants. J'ai appris plus tard seulement combien leur rencontre impressionne à chaque fois tous ceux qui vivent au monastère : jamais ils ne voient leur Roshi aussi doux et amical qu'en compagnie de Mario. J'ai passé les jours suivants aux côtés de Mario et j'ai vu avec quelle bienveillance et quelle sagacité il clarifiait toutes les demandes, les questions, les doutes et les peurs qu'on lui soumettait et comment il dissipait avec humour les malentendus et les fausses idées.

L'eau guérissante

Mario avait préparé un verre d'eau pour soulager une nonne souffrant de crampes au niveau du ventre et apaiser sa psyché. Il m'avait demandé d'aller chercher le verre dans le réfrigérateur, en m'expliquant qu'il souhaitait vivifier l'eau encore un peu autrement. C'est là que je l'ai vu la première fois préparer de l'eau de cette manière, avec ses mains. Il remuait l'eau dans le verre avec un doigt, en disant que l'eau était un porteur d'énergie extraordinaire. Quelle grâce de voir des miracles se produire vraiment, comme ces événements décrits dans la *Bible*.

« C'est une véritable bénédiction et c'est une eau sacrée », cette pensée m'a traversé l'esprit comme un éclair. Mario a dit en plaisantant : « Tu peux en goûter un peu, même si tu n'es pas une nonne ! Aspire-la très lentement, ne bois qu'une seule gorgée, cela suffit. La fine énergie se déploiera lentement en toi. » - « Je ne sens rien », ai-je dit. – « Benedikt, l'énergie est extraordinairement fine, ferme les yeux, tu la ressentiras mieux. » Effectivement, une force lumineuse a commencé à s'épanouir en moi, comme si un manteau d'énergie clair et souple se mettait à m'envelopper – cela m'a fait penser à une sensation semblable vécue dans ma toute petite enfance. L'eau et son effet bénéfique puissant ont apporté un soulagement considérable à la nonne, de toute évidence.

LES FORCES DE LA NATURE LUI VEULENT DU BIEN

Le Roshi nous avait invités chaleureusement à participer en tout temps au zazen, à la méditation du soir. Comme la méditation n'est pas vraiment la tasse de thé de Mario, nous n'y allions pas souvent. Or ce soir-là nous nous sommes rendus ensemble à la grande salle de méditation, le zendo, qui se trouve en retrait du bâtiment principal, dans le jardin enchanteur du monastère. Les signes avant-coureurs d'un orage nous ont rattrapés : de gros nuages sombres gonflés de pluie roulaient dans le ciel bleu sombre, des éclairs striaient l'horizon. Une jeune nonne nous attendait, elle avait déjà préparé soigneusement nos places.

À peine étions-nous assis que deux grands bois, frappés avec force l'un contre l'autre, ont résonné pour marquer le début de la méditation. J'étais sensible à l'énergie forte et concentrée qui régnait dans ce monastère vieux de cinq cents ans, résultat d'innombrables et intenses méditations. L'image des moines et des nonnes, tous assis très droit, m'a fait une profonde impression, aussi de sévérité. En étant assis là en silence, j'ai perçu tout à coup que l'atmosphère de cette salle plutôt sombre commençait à se transformer pour devenir légère, lumineuse. « Tiens, le zendo va se mettre à voler », ai-je pensé. C'était une expression qu'utilisaient aussi les moines et les nonnes, ils savouraient ces instants où Mario était assis dans le zendo et émettait cette puissante force lumineuse. Émerveillé, j'aspirais en moi ce silence grandiose et cette énergie lumineuse.

Soudain des grosses gouttes ont commencé à s'écraser bruyamment sur le toit de bois, puis la pluie s'est mise à tomber à verse et m'a tiré pour de bon de ma contemplation. L'orage approchait à grands pas et je me préparais déjà à patauger à travers le jardin dans un kimono trempé pour rejoindre la maison d'hôtes dans la nuit d'encre. C'est là que s'est produit un événement surprenant. Contre toute attente, la pluie ne s'est pas mise à redoubler d'intensité, au contraire, c'était comme si une force invisible s'était mise à contrôler l'orage pour l'empêcher d'éclater. Cette force était quasi tangible. Très vite on n'a entendu plus que le battement de quelques gouttes isolées, puis ce bruit s'est arrêté lui aussi et le silence s'est installé. Nous avions convenu de quitter la salle de méditation après une heure. « Une heure suffit » avait dit Mario. La jeune nonne nous a raccompagnés sur le seuil en chuchotant que nous avions beaucoup de chance que la pluie se soit arrêtée si vite. Mario a souri et lui a glissé : « Tu sais, je ne peux pas bien marcher sur les cailloux glissants dans la nuit et la nature est mon amie – j'ai arrêté un moment la pluie. »

Suzanne, la compagne de Mario, ne nous avait pas accompagnés et nous attendait avec du thé chaud dans la maison d'hôte. En nous accueillant, elle m'a glissé : « Quelle chance d'avoir pu rentrer à pied sec, n'est-ce pas ? » Je m'apprêtais à me lancer dans mon explication lorsqu'elle a ajouté en souriant : « C'est Mario qui était à l'œuvre, je le sens tout de suite. Je connais bien cette énergie qui agit ainsi à travers lui. Mais ce que tu ne sais pas encore, c'est que – après qu'il a arrêté la pluie - il tombe généralement des seilles ! » Mario a éclaté de rire mais c'était bien plus qu'un rire, c'était un signe. Le ciel a rouvert ses écluses, la pluie est tombée joyeusement sur le monde assoiffé des plantes. Mon étonnement a été sans bornes. De retour en Suisse, j'ai abordé une fois cet épisode avec Suzanne. C'est là qu'elle m'a appris qu'elle avait vécu quantité d'événements incroyables avec lui, que l'on ne pouvait et ne devait pas tous les raconter mais qu'elle me faisait volontiers part de certains.

« Une fois, lorsque le ciel était chargé de gros nuages lourds, il a coupé en deux la masse nuageuse d'un seul mouvement de la main, puis il en a poussé une partie vers le nord et l'autre vers le sud, et nous nous sommes retrouvés sous un soleil radieux. Mais jamais il n'a fait cela juste comme ça et cette fois-là il s'est produit en moi une transformation très profonde. Il m'a dit alors que le moment était venu de dissoudre complètement la fiction d'un centre intérieur qui crée l'idée d'un dedans et d'un dehors. »

Puis elle a ajouté qu'il avait guéri et libéré beaucoup de gens de leurs maladies et infirmités mais qu'il n'en parlait jamais. Il répète toujours clairement que ce n'est pas là son véritable travail. Elle m'a confié aussi qu'il pouvait élever ou diminuer en un clin d'œil la température dans une pièce. En hiver, elle avait souvent les pieds gelés et tout le corps transi de froid. Il lui disait alors en plaisantant : « Un instant, j'enclenche tout de suite le chauffage intérieur ! » et immédiatement une bonne chaleur envahissait son corps tout entier. Cela se passait toujours avec une rapidité déconcertante. Il était parfaitement détendu, point besoin de concentration particulière ni de mouvements de la main. Les paroles chargées de force qu'il prononçait provoquaient ces choses-là tout naturellement. Toutefois, ces événements restent toujours isolés car il ne joue jamais avec ses possibilités et facultés. Le fait est qu'il oublie complètement les capacités immenses qu'il possède, cela ne représente rien de spécial pour lui, c'est tout à fait naturel, comme de respirer, ses capacités sont exactement ce qu'il est, lui. Tout ce qu'il entreprend dans ce sens se fait sans effort aucun, avec une légèreté empreinte d'humour et chacune de ses interventions va de pair avec un enseignement profond pour quelqu'un. L'aide multiple et diverse qu'il apporte aux êtres est d'une profondeur indicible et on ne peut qu'entrapercevoir ce qu'est sa véritable activité dans ce monde. Personne ne sait qui il est vraiment.

La deuxième semaine de notre voyage au Japon, nous avons visité Kyoto, la ville impériale, où de nombreux amis du monastère attendaient notre venue : la renommée de Mario nous y avait précédés. Nos hôtes souhaitaient nous initier aux mystères de cette ville chargée d'histoire. L'un d'eux, Tom, un moine américain aux allures ascétiques, vivait depuis plus de trente ans déjà au Japon et traduisait des textes zen à l'Institut bouddhiste de l'Université de Kyoto. Il avait beaucoup entendu parler de Mario et tenait absolument à faire sa connaissance. C'est ainsi que nous avons accepté avec plaisir sa proposition de faire ensemble « la promenade du Philosophe ». En chemin, il a posé à Mario différentes questions d'ordre scientifique et philosophique relevant de son travail. Très vite les thèmes abordés ont été analysés avec une acuité exceptionnelle. Comme à l'accoutumée, les paroles de Mario étaient chargées de cette force extraordinaire qui efface définitivement toutes les opacités. Aujourd'hui cependant, c'en était décidément trop pour moi. Après toutes ces journées passées en sa compagnie, j'étais littéralement débordé par la puissante force qu'il rayonne. Lentement, je me suis retiré sur la pointe des pieds pour échapper à son prodigieux champ d'énergie. Les merveilleux jardins et les allées amoureusement entretenues ont exercé leur action apaisante sur moi et je me suis calmé assez vite. Jamais je n'aurais cru que des paroles pouvaient être d'une telle densité et d'une force aussi gigantesque.

Au cours de l'après-midi il s'est mis à pleuvoir doucement et nous nous sommes réfugiés dans un curieux petit restaurant : nous n'avons pas tardé à découvrir qu'il était géré par un acteur de cinéma. Nous étions ses seuls clients et, très vite, il nous a montré des photos de films où il apparaissait en guerrier samouraï. Tom nous a demandé si nous voulions une photo souvenir de cet endroit. Nous avons dit oui et nous avons pris la pose. En plaisantant, j'ai demandé à Mario qu'il veuille bien se porter garant de sa présence sur l'image. Tom m'a jeté un regard interrogateur car il ne comprenait pas mon allusion. Il y a quelques années une personne avait pris Mario en photo contre sa volonté. L'étonnement avait été de taille lorsqu'il s'était avéré par la suite qu'il n'y avait pas de Mario Mantese sur la photo. Son commentaire : « Ce qui ne doit pas être, ne sera jamais. » Beaucoup de gens ont vécu des choses surprenantes avec lui, comme en témoigne également l'histoire qui suit.

J'avais reçu une carte postale « Saluti del Ticino » de Suzanne et Mario, qu'ils m'envoyaient de leurs vacances au bord du Lac Majeur. Suzanne m'écrivait : « Après une excursion à l'Isola di Brissago sous un soleil estival, une pluie diluvienne nous a accueillis au port d'Ascona. Et là j'ai été témoin une fois de plus comment Maître Mario a renvoyé la pluie dans l'Univers. » Les détails, elle me les a appris plus tard : « Il pleuvait à verse et l'orage grondait lorsque nous attendions le bateau pour Locarno sur le quai. La pluie battante formait un rideau épais et on ne distinguait qu'une vague silhouette du bateau qui s'approchait. Mario avait les documents de voyage dans son gilet léger, nous n'avions pas de parapluie et le ponton était glissant. « Il faut que je fasse quelque chose », a-t-il dit avant de lever rapidement sa main droite. Au moment précis où sa main a bougé, la pluie a cessé, l'orage s'est éloigné et l'énorme mur de nuages s'est retiré dans l'univers d'où il était venu. Peu après le soleil envoyait comme en souriant ses rayons sur la terre. » Cet état illimité est véritablement l'éclat de l'être éveillé.

Des mots d'une force titanesque

Mario et moi nous étions retrouvés pour un déjeuner au Restaurant La Rotonde où nos appétits végétariens ont toujours suscité quelque émoi. Après avoir commandé « avec succès » notre repas, nous avons entamé une discussion sur les avantages de l'internet et les articles que l'on y trouve sur l'état des connaissances de la physique. Mario me parlait avec cette intensité qui lui est propre de l'analyse des particules subatomiques où la recherche avait abouti à d'étonnants résultats. Pour l'étude de la lumière, cela dépend de l'angle sous lequel on la considère. On peut la traiter soit comme une particule, soit comme une onde. Or plus on avance sur ce terrain, et plus les informations analytiques obtenues précédemment se réduisent à néant, en s'évanouissant dans un vide apparent. Qu'on l'appelle onde ou particule, personne ne sait ce qu'est véritablement la lumière : on surimpose juste une formule subjective pour expliquer quelque chose qui reste inexplicable en réalité. On analyse des molécules mais on ignore tout de l'intelligence qui les dirige. En physique quantique, où l'on poursuit des recherches toujours plus pointues sur des particules toujours plus petites, on n'est finalement qu'à la recherche de soi-même. On est à la recherche de ce que l'on est réellement, en espérant, au bout du compte, réussir à dénommer ce qui est impossible à dénommer et à expliquer l'inexplicable. On s'analyse soi-même mais le Soi est impossible à analyser étant donné qu'il n'est ni objet ni sujet.

La même remarque est valable aussi pour l'astrophysique qui explore l'espace et l'origine de l'univers. Là encore tout semble s'évanouir dans ce vide apparent. Les recherches sur le Big Bang se poursuivent, cette explosion gigantesque d'où toute la création serait issue. Mais quelle a été la cause de cette explosion et qu'y avait-il avant ?

Puis il a ajouté : « Si nous nous mettions maintenant à analyser de la même manière conséquente ton corps, lui aussi composé de molécules, nous finirions par aboutir au même résultat. Ton corps n'est certainement pas quelque chose de dense ; si l'on y regarde de plus près, il se dissout lui-aussi dans ce vide apparent. Il n'est qu'une surimposition, une construction conceptuelle, à vrai dire tu n'existes pas en tant que tel ! »

Il ne m'avait pas parlé à moi mais en moi. Ses mots venaient de là, de ce vide apparent. C'était tellement surprenant pour moi que ses mots m'ont atteint avec une force prodigieuse. Tout ce que j'étais ou du moins que je pensais être, s'est entièrement dissous dans ce vide, j'ai cessé d'exister. Il m'était impossible de penser, ses mots ont traversé tout mon être. Tout s'est immédiatement arrêté, un calme total, au-delà de l'espace et du temps – une expérience sans personne qui fasse cette expérience.

J'avais bien sûr eu connaissance d'enseignements puissants et d'expériences inimaginables au travers de mes lectures et je les concevais au travers de mots très expressifs et aisés à retenir. Jusqu'à ce jour je ne comprenais pas qu'il soit impossible d'exprimer en mots certaines choses. Et me voilà moi-même dans cette impossibilité de décrire l'indescriptible, de rendre tangible l'inconcevable et de rendre compte de l'expérience. Un léger souffle de ce qui est sans forme et sans nom avait passé. Ma raison avait tourné littéralement à vide et en rond sur elle-même dans la « Rotonde ».

À un moment donné nous avons quitté les lieux et je l'ai accompagné encore un bout de chemin. Très profondément touché encore par ce qui venait de se passer, j'ai pris congé un peu maladroitement : « Si jamais la software pour l'internet ne fonctionnait pas, appelle-moi sans autre. » Il a répondu en riant : « Si jamais la software dans ton cerveau ne devait pas fonctionner non plus, n'hésite pas à m'appeler ! » C'est là tout Mario : un humour doublé d'une grande clarté, bienveillant avec une force gigantesque, rien de spectaculaire mais avec une profondeur infinie.

Bien des semaines plus tard nous nous sommes à nouveau retrouvés à La Rotonde. Il m'attendait en lisant le journal. À peine étais-je assis qu'il m'a lancé, rayonnant : « C'est bien que tu sois déjà là, j'ai un nouveau projet en tête ! ». Une fraction de seconde, j'ai pensé « Mon Dieu, qu'est-il en train de mijoter ? » puis j'ai laissé les pensées se penser elles-mêmes et je l'ai écouté. « J'aimerais sortir un livre – un livre qui vous donne la parole à vous, mes amis, pour partager ce que vous avez vécu avec moi. Il devrait rendre accessible notre travail spirituel à beaucoup d'autres et montrer aussi que l'être véritable est sans limites et infini. » À peine avait-il prononcé ces mots qu'un film gigantesque a commencé à tourner dans ma tête : le premier darshan, les séminaires intensifs, le monastère de Sogen-ji, l'orage arrêté, l'expérience à La Rotonde. La voix de Mario semblait venir de très loin : « As-tu envie de mettre notre rencontre par écrit ? »

Dans l'océan de lumière

Carla Brunetto, Italie

C'était une froide journée d'automne dans un petit village perdu des montagnes du Jura, en Suisse. Je me souviens bien de ce moment où j'ai garé ma voiture au bord d'un champ en friche et que j'ai pénétré dans la maison par un escalier extérieur. La pièce où je suis entrée m'a fait penser à une salle d'école et, en fait, c'est bien ici qu'allait commencer ma véritable école de vie, comme on le verra plus loin.

Un jeune homme, assis sur un radiateur à l'autre bout de la pièce et qui s'entretenait avec un des participants, a tout de suite retenu mon attention. Était-ce lui, ce maître spirituel dont j'avais entendu parler si souvent ? Il paraissait si jeune, j'étais très surprise, mais c'était bien lui ! Une amie m'avait raconté qu'il accueillait tout le monde dans son travail mais qu'il n'appréciait guère ceux qui ne venaient que par pure curiosité. Ces rencontres étaient des moments spirituels intenses et profonds qui n'avaient rien à voir du tout avec la curiosité et les fausses attentes. Le séminaire a commencé, cette rencontre se tenait en français. Une jeune femme lui a posé une question qui la travaillait depuis un certain temps déjà. Elle s'était fait quantité de réflexions sur la vie après la mort.

Question : Que se passe-t-il lorsque nous mourons et quittons notre corps ?

MM : **C'est un malentendu. Tu n'as jamais été le corps, comment peux-tu te séparer de quelque chose que tu n'as jamais été ? L'idée d'une séparation n'a lieu que dans ton cerveau. Tu as peur de la mort mais, dis-moi, où étais-tu avant de naître ? Étais-tu morte ou vivante ? Mourir est une perception intuitive directe. On comprend que la vie en soi n'a jamais rien eu à faire avec le corps. Sache qu'un individu qui est né et qui meurt plus tard n'a jamais existé dans la réalité. Dans la Totalité, en Dieu, qui est tout dans tout, rien n'est jamais venu ni parti, tout est ici et maintenant. Tu es ici et maintenant. Tes peurs et tes idées de la mort ne sont que des mouvements, des manifestations dans ton cerveau mais tu n'es pas le cerveau. Ne t'inquiète pas inutilement, toutes les choses sont bien comme elles sont. Ta peur n'est rien d'autre qu'un rêve, réveille-toi. Le « Je » est le créateur du sujet et de l'objet, il est à l'origine de toutes ces idées fausses et de ces représentations dualistes. Il n'est rien d'autre qu'un reflet, comme un mirage dans le désert. Le monde peut-il exister sans quelqu'un pour le percevoir ? La vie et la mort ne sont rien que de simples pensées. Toi-même, tu es immuable, seules les circonstances que tu perçois changent. Sois comblée par la lumière sans ombre que tu es toi-même, tu es sans mort !**

La jeune femme était assise là, abasourdie, ces déclarations surprenantes et puissantes la laissaient bouche bée. Son visage s'était détendu, quelque chose de profond semblait avoir été libéré en elle.

Puis il y a eu la pause de midi. Nous nous sommes tous installés dans une pièce adjacente, chacun avait apporté son repas. Il nous a rejoints et nous a demandé nos noms. « Comment t'appelles-tu ? », m'a-t-il demandé et à ce moment précis j'ai su que je l'avais toujours connu.

Il s'est entretenu un moment avec nous puis il s'est

retiré dans la salle où il avait parlé. Au bout d'un moment, je l'ai suivi, je voulais lui poser une question personnelle.

Il se tenait debout près de la fenêtre et regardait le paysage avec ses collines dans la lumière d'automne. Un grand silence l'enveloppait. J'hésitais à le déranger mais il avait remarqué ma venue et il s'est retourné. Jamais je n'oublierai ce moment. J'ai vu ses yeux et immédiatement la pensée est montée en moi : « Ces yeux ne sont pas de ce monde, ils sont de nature céleste, je vois directement dans le paradis. » Je me sentais élevée, comblée d'amour. Je lui ai demandé s'il était possible d'avoir des séances personnelles avec lui. Depuis un certain temps déjà, je me trouvais dans une situation de vie critique et je suivais une psychothérapie que j'aurais volontiers terminée. Je sentais que je ne pouvais plus la poursuivre. Il a simplement souri, sans entrer en matière. Brièvement, il a précisé qu'il allait fournir une explication à ce sujet à toutes les personnes présentes. Effectivement, sa réponse ne s'est pas fait attendre.

J'espérais que personne ne remarquerait que cette réponse m'était adressée directement. Il a expliqué avec grande fermeté qu'il n'était pas ici pour jouer, qu'il ne faisait pas de différence entre les personnes, que ses séminaires s'adressaient à tout le monde et qu'il était là pour tout le monde. C'étaient des paroles très fortes, très résolues, elles excluaient d'emblée tout entretien personnel avec lui et rien n'a changé depuis lors. Lors de la pause au milieu de l'après-midi, je me suis dit : « Non, je ne pense pas que ce travail soit fait pour moi », et j'étais déjà sur le pas de la porte lorsque j'ai entendu sa voix à l'intérieur de mon oreille. Elle disait : « Jusqu'à quand veux-tu continuer à te sauver, retourne à ta place ! » Il était à l'autre bout de la salle avec deux autres personnes et n'avait pas ouvert la bouche. J'étais profondément bouleversée lorsque j'ai repris ma place, mais j'avais compris.

La période que je vivais alors n'était guère facile et je cherchais de l'aide partout. Parfois je le voyais dans la rue, en ville. Je le suivais pour lui parler mais à chaque fois il disparaissait sans que je sache ni où ni comment. Petit à petit j'ai commencé à me rendre à l'évidence que c'était enfin le moment de m'aider moi-même. Mario, on ne le voyait que lors des grandes rencontres, et j'ai donc participé à la rencontre suivante.

Nous étions alors assis en demi-cercle et il a regardé tranquillement une personne après l'autre dans les yeux sauf moi, il paraissait m'ignorer et cela a été très douloureux pour moi. Je me suis demandé pourquoi. Lentement, très lentement j'ai ensuite commencé à le voir sous un jour nouveau. Je me suis mise à comprendre que son grand amour est toujours supra-personnel. Il me renvoyait constamment à moi-même et à ma propre responsabilité.

Une clarification en rêve

Une nuit j'ai fait un rêve étrange. Je me promenais dans un jardin en cherchant quelque chose. J'ai trouvé ce quelque chose derrière une petite colline. Je me suis baissée, je l'ai pris dans les mains et je savais que cette petite chose, c'était moi-même. Je l'ai regardée longtemps avant de lui dire : « Je t'ai maltraitée, je t'ai battue. » Ensuite je me suis reposée un moment avant de continuer ma promenade.

Derrière une autre petite colline, j'ai trouvé quelque chose de nouveau mais qui était aussi moi. Je l'ai pris dans mes mains en lui disant : « Maintenant, je te dépose dans la lumière ! » Ce rêve éveillé m'a profondément touchée, plus tard j'en ai même fait un tableau. Je l'ai appelé avec grand respect pour lui raconter ce rêve si important pour moi. Au moment d'arriver à la deuxième partie de mon rêve, j'ai senti qu'une chose extraordinaire était en train de se passer : il n'était plus à l'autre bout du fil mais près de moi. Là, j'ai compris que c'était lui la nouvelle lumière que j'avais vue dans mon rêve. Cela a été une expérience incroyablement belle et forte, d'autant plus forte que je l'ai ressentie comme profondément naturelle et non comme un événement surnaturel. À la fin, il m'a expliqué encore que toute expérience qui aboutissait à une impulsion libératrice était une bonne expérience mais une bonne expérience ne devait pas laisser de souvenir car un bon voyageur ne laisse pas de traces !

Le calme trompeur de l'ego

Avant d'apprendre à connaître le travail de Mario, j'avais fait partie d'un groupe de méditation zen : on m'avait appris à rester assise dans une bonne posture et à suivre ma respiration. C'est ainsi que j'avais découvert quelque chose de vivant en moi qui n'avait rien à voir avec ma façon de vivre jusqu'alors.

Dans la méditation, je fermais les yeux, regardais à l'intérieur de moi et devenais plus calme. Je n'en avais jamais encore parlé à Mario car il ne cessait de nous rendre attentif avec douceur mais sans compromis aucun qu'il n'était ni pour ni contre la méditation mais, plutôt que de rester assis pendant des heures, il trouvait plus utile et plus raisonnable que nous consacrions ce temps et cette énergie à nos familles et à l'accomplissement des tâches quotidiennes, car c'est là justement – dit-il - que se trouve la spiritualité. C'est là que se crée la vie conceptuelle qui nous retient en captivité et c'est là que nous allons réaliser tout ce qui va nous libérer de cette vie conceptuelle. Au lieu de méditer, nous ferions mieux de démasquer celui qui médite. Comment une chose réelle pourrait-elle jamais se créer à partir de celui qui médite, qui n'est lui-même qu'une apparition dans la conscience ? Le silence de la méditation est le calme de l'ego et n'a absolument rien à voir avec le grand silence, nous disait-il.

Mais, à ce moment-là, j'ai quand même continué à pratiquer le zen. J'aimais les rituels, le parfum des bâtonnets d'encens et cette atmosphère particulière lorsque le groupe se retrouvait pour méditer.

Un jour je me suis mise en route pour le Japon, avec un sac, l'adresse du couvent et le nom du Roshi (maître zen). Mon séjour là-bas a été un événement total pour moi. J'étais retournée à quelque chose que je connaissais bien intérieurement. Les personnes du couvent étaient très aimables et le Roshi un homme extraordinaire. Une profonde amitié me liait à Chi-San, qui vivait depuis de longues années déjà au couvent. Après quelques jours, elle m'avait demandé depuis combien de temps je pratiquais le zen. « Quelques années », lui ai-je dit. Ce à quoi elle m'a répondu spontanément : « Je ne sais pas ce que c'est mais je vois en toi quelque chose d'entièrement différent, quelque chose de lumineux. » C'est la première fois alors que le nom de Mario Mantese a été prononcé dans le monastère de Sogenji. Elle m'a demandé avec étonnement qui était cet homme et rien qu'au travers de mon explication elle a ressenti immédiatement le contact de son énorme force d'amour dans son cœur. Plus tard, j'ai aussi parlé de Mario au Roshi, en lui demandant spontanément s'il souhaitait faire sa connaissance. Il a immédiatement dit oui.

Au moment de quitter cet endroit merveilleux, j'avais les larmes aux yeux. Je savais que j'y reviendrais. Je suis retournée trois fois encore à Sogenji, la troisième et dernière fois seulement comme hôte car entre-temps j'avais laissé derrière moi la méditation zen. J'avais bu la grande force de lumière, libératrice, qui émane de Mario, elle était devenue ma vie et mon chemin.

Mario et le Roshi

De retour en Suisse, j'ai demandé à Mario s'il souhaitait faire la connaissance du Roshi. On ne sait jamais comment il réagira à ce genre de questions, son intérêt à rencontrer des gens personnellement n'est pas très grand, la plupart du temps il refuse. Je lui ai montré une photo du Roshi et il a dit oui sans hésiter. Entre-temps, bien sûr, il avait appris que je pratiquais la méditation zen, peut-être l'a-t-il toujours su mais il ne s'est jamais exprimé à ce sujet.

Après un grand travail d'organisation, le jour de la rencontre est enfin arrivé. Je savais que le Roshi n'avait qu'une demi-heure pour l'entrevue avec Mario. Je voulais que le cadre dans lequel ils se rencontreraient soit adéquat.

J'ai donc passé toute la matinée à transformer mon cabinet en petit salon de thé. Puis le Roshi et les six personnes qui l'accompagnaient sont arrivés, suivis quelques minutes plus tard de Mario. J'étais très curieuse de savoir ce qui allait se passer maintenant. Mario est entré dans la pièce et les premières paroles que le Roshi a prononcées ont été : « Je vois la lumière en toi ! » (les paroles du Roshi étaient immédiatement traduites en anglais). Mario a répondu : « Mais le soleil est déjà dans la pièce ! » Des paroles inoubliables, des instants inoubliables. Ils se sont assis pour s'entretenir à leur façon, pleine de profondeur et de légèreté, d'humour aussi : ils ont ri aux larmes. Cette rencontre-là a marqué le début d'une amitié particulièrement profonde. Depuis ce jour, ils sont restés en contact et lorsque l'occasion se présente, ils se rencontrent. Je suis très heureuse d'avoir pu faire se rencontrer de ces deux grands maîtres.

Un patient particulier

Un jour Yolande m'a téléphoné pour m'apprendre une nouvelle qui nous a tous bouleversés à cette époque : Mario s'était gravement blessé le dos en tombant. Yolande organise depuis plusieurs années les rencontres de Mario en français, elle pratique la réflexologie, comme moi, mais comme elle habite relativement loin, elle m'a demandé ce jour-là d'aller masser les pieds de Mario en urgence.

L'équilibre de Mario était très fragile à cette époque. Il tombait fréquemment mais il se relevait toujours en disant simplement : « Allons-y ! » Cette fois-ci pourtant, cela semblait plus grave. Je l'ai appelé pour lui demander s'il était d'accord que je vienne. Il l'était. J'ai dû surmonter ma timidité pour sonner à la porte, tant mon respect et mon admiration pour lui sont grands. Je suis entrée dans une petite pièce lumineuse où Mario était couché sur un lit, plusieurs personnes étaient là et l'entouraient de manière touchante. Toute la paroi derrière son lit était couverte de disques d'or, témoins de sa grande carrière musicale.

J'étais surprise de voir combien son corps souffrait mais malgré cela son rayonnement doux et bienveillant était pleinement là. Je voulais le consoler et c'est lui qui me consolait. C'était le temps de Noël, j'ai prié Dieu de l'aider et de soutenir son processus de guérison. J'y suis retournée quelques fois encore, puis tout à coup il était loin. Il était parti pour l'Inde, personne ne savait où exactement, ni combien de temps il y resterait.

Puis, un beau jour, il est revenu, rayonnant comme un soleil, sa grave blessure était guérie. Il m'a appelée pour me dire que mon massage des zones réflexes du pied lui avait fait beaucoup de bien et, dès ce moment, il est venu régulièrement dans mon cabinet. D'un seul coup, toutes mes peurs et mes hésitations ont disparu. C'est à ce moment, avec Mario, qu'a commencé la plus belle et la plus profonde des écoles de massage des zones réflexes des pieds – après plus de vingt ans de pratique dans ce domaine. C'était une école que je ne me serais jamais imaginée, même dans mes rêves les plus fous. Il dirigeait mes mains, en ouvrant pour moi une nouvelle approche des endroits où exercer la bonne pression. Par sa sensibilité hors du commun, il m'a aidée à découvrir de nouveaux points et de nouvelles zones sur les pieds, en m'expliquant de manière détaillée le rythme et le déroulement des mouvements de la conscience du corps.

C'étaient des moments d'une intensité rare, les pieds et les mains se fondaient en une unité, hors du temps et de l'espace. Beaucoup de fois j'ai été assise là en me concentrant sur le massage de ses pieds. Même lorsqu'il pleuvait ou que le ciel était gris, la lumière dans le cabinet était éclatante. C'était comme si le soleil brillait à l'intérieur tant l'énergie de lumière qui émanait de lui était forte.

Il est un événement que je n'oublierai jamais : Mario était couché, détendu, les yeux fermés, sur la table de massage et je me concentrais sur ses pieds. Tout à coup une légère secousse a traversé son corps. Il a ouvert les yeux puis il a centré son attention sur le plafond. J'avais l'impression que son regard traversait tous les mondes. Ses pieds sont devenus de plus en plus froids et son visage aussi a pâli. Puis j'ai senti qu'il n'était plus ici : Mario s'était immergé dans un monde qui m'était inconnu. J'ai continué à masser ses pieds, doucement, j'osais à peine bouger, je ne voulais en aucun cas perturber ce qui se passait pour lui. Puis, subitement, il a rouvert les yeux et j'ai senti qu'il était revenu dans ce monde. Ses pieds sont redevenus chauds, son visage aussi a repris des couleurs. Il m'a regardée comme quelqu'un qui revient de très loin. Au bout d'un moment, il s'est redressé en disant : « Excuse-moi, j'ai été appelé. Quelqu'un qui m'était très proche a quitté ce monde il y a quelques instants, il avait réellement besoin de mon aide de toute urgence. » - À nouveau, je l'ai vu sous un autre angle. J'avais eu le privilège de le voir aider les gens non seulement dans ce monde mais aussi dans d'autres mondes invisibles pour nous. Mon respect et mon amour pour cet être exceptionnel en sont devenus encore plus forts et profonds. Ensuite il m'a expliqué : « C'était là une exception, sinon je ne quitte jamais mon corps. Il te faut savoir que ce monde invisible où se rendent nos morts n'est pas un monde de libération mais un monde où l'on continue de mourir. Cet au-delà invisible est le reflet parfait de notre monde visible. Dans cet autre monde, l'être traverse le bien et le mal qu'il porte en lui. Il faut être très vigilant lorsque l'on suit le chemin de la parfaite libération. Il ne faut pas se laisser entraîner par ces forces gigantesques sinon on reste inévitablement pris dans ces champs de force sombres de la dualité et enchaînés à la roue des réincarnations sans fin. » Je l'ai remercié de cette clarification. J'ai aussi vu que son énergie et son rayonnement avaient continué d'emplir mon cabinet bien des heures encore après son départ.

Une autre fois, lorsque nous buvions encore un thé ensemble, une jeune femme est venue me rendre visite. Elle participait depuis quelques années déjà à son travail. Il l'a questionnée sur sa santé, connaissant son mal et ses souffrances. Quelques instants plus tard, il l'a guérie – l'amour dont il rayonnait à ce moment-là était d'une telle puissance qu'il me semblait tangible. Tout mon corps chancelait et les yeux de la jeune femme brillaient comme des étoiles. À ce moment-là, j'ai pensé : il est comme le Christ. Au Japon, lorsqu'on m'avait posé la question de savoir ce que Mario faisait encore outre écrire des livres, je me souviens d'avoir répondu qu'il était comme le Christ, qu'il parlait aux êtres humains et qu'il guérissait les malades.

Du désert à l'océan de lumière

Le travail dans les cercles intérieurs s'était approfondi à tel point que des faits très anciens se sont mis à remonter du tréfonds de mon âme et que je me suis retrouvée dans un état effrayant. J'étais comme anéantie. Jour et nuit, j'errais dans un désert intérieur où il n'y avait plus de vie aucune. Après des jours et des jours dans cet état, j'ai songé à me jeter dans le lac. J'arrivais au bout de mes moyens et de mes forces, il n'y avait plus aucune étincelle de joie en moi et je ne voulais pas appeler Mario. Les choses allaient de mal en pis.

Puis, un jour, il m'a appelée à l'improviste pour demander un rendez-vous pour un massage des pieds et m'inviter à partager un repas avec lui. Sa proposition m'a fait très plaisir et le lendemain je lui ai parlé de mon désert intérieur douloureux et de mon état. Il le savait déjà. Avec grande bonté, il m'a expliqué que ma solitude et mon profond désespoir avaient pris la forme d'un désert pour s'exprimer. Il a ajouté que ce serait bien si je le traversais de mes propres forces et que je ne devais pas oublier que pour voir le désert intérieur il fallait de la lumière. Aussi qu'il me fallait prendre davantage conscience de cette lumière qui permet de percevoir. Et qu'on est toujours seul jusqu'à ce que tout soit un. Il a dit encore qu'il pouvait en tout temps me sortir de ce désert mais que ce serait mieux si je le traversais seule, dans toute son étendue et définitivement, et que je retire de cette expérience un enseignement clair. Après cet entretien, je suis devenue plus calme et j'ai réussi à mieux supporter cet état qui a encore duré plusieurs semaines. Une photographie de Mario est accrochée dans mon cabinet, qui dégage une grande force. Un jour, alors que je la regardais, quelle n'a pas été ma surprise – cela a été quasi un choc – de voir que ses yeux n'étaient pas de papier, non, ils étaient vivants et ils me regardaient avec bonté. Une vague d'amour m'a submergée. Aujourd'hui encore, lorsque je songe à cet instant, mon corps est vibrant d'amour et de reconnaissance. À ce point, les explications ne servent plus à rien, comment pouvez-vous traduire de telles expériences en mots ?

Peu à peu j'ai commencé à me sentir mieux, plus légère et plus claire. Je savais que je m'approchais lentement de l'issue de cette aventure intérieure, de ce désert de solitude. Quelques semaines plus tard, dans un de ses séminaires, j'ai senti une main invisible et lumineuse me toucher légèrement et effacer d'un seul coup le restant de cet état funeste. Ma vie s'est transformée de fond en comble, je ne suis plus seule. Je voulais m'en prendre à ma vie et me jeter dans le lac, les choses ont pris une tout autre tournure. Aujourd'hui je baigne dans l'Océan de lumière et d'amour.

Un mouvement de sa main fait bouger les mondes

Susanne Karl, Allemagne

Le hasard avait voulu qu'à l'époque deux personnes soient obligées de renoncer à la rencontre, en Suisse, avec Mario Mantese. Mon ami et moi avions sauté dans la brèche. Le jour précédant la rencontre, nous étions arrivés dans un endroit magnifique, loin de tout : un chalet d'alpage, sur un haut-plateau au cœur des Alpes.

Mario est arrivé le lendemain et, au moment où je l'ai aperçu, une grande tension s'est emparée de mon corps. Au moment des présentations, j'ai été incapable de prononcer le moindre mot. L'après-midi, alors que nous étions tous réunis autour de lui, il nous a dit qu'il souhaitait travailler brièvement avec chacun d'entre nous, que ce serait important pour le travail que nous ferions ensemble. Lorsque j'ai entendu cela, mon chaos a été à son comble. J'ai eu un accès de fièvre et, pendant la pause, je me suis retirée dans ma chambre. J'ai demandé à mon ami qu'on me laisse tranquille. Je ne souhaitais qu'une chose : être seule pour remettre de l'ordre dans ce chaos intérieur qui me bouleversait. Le lendemain, fièvre et chaos avaient disparu comme par enchantement. Je me sentais calme et je pensais déjà avoir échappé à ce « travail personnel » lorsqu'il m'a regardée en disant : « Et maintenant, à toi. » Je n'ai pas senti de résistance en moi. Intriguée, je me suis étendue sur le sol en fermant les yeux. Il ne m'a pas touchée du tout et pourtant j'ai senti ma nervosité et mes palpitations s'apaiser très vite. Peu après, c'était comme si mon corps, soulevé par une main invisible, flottait au-dessus du sol. Plus tard, je lui ai raconté cette sensation et il m'a confirmé mon ressenti avec les mots que voici.

MM : **Oui, tu étais exactement là où tu t'es accrochée.**

Q : Comment entends-tu cela ?

MM : **Jusqu'à présent tu as cru que tu étais le corps, maintenant tu crois en plus à cette perception extracorporelle, mais la Totalité, elle, ne voit rien. La Totalité est ce que tu es véritablement. Ne reste pas accrochée à des expériences et des perceptions subjectives, elles ne sont rien d'autre que des apparences.**

Q : Pourtant cette expérience m'a clairement montré que je ne suis pas ce corps.

MM : **C'est exact, mais va plus profondément maintenant. Ça, ce n'était qu'un clin d'œil. La question qui se pose maintenant est celle-ci : dans cette expérience, as-tu vu ton propre « Je », est-il possible de réaliser une expérience sans le « Je » ?**

Q : Là, je n'y comprends plus rien.

MM : **Sans cause, il n'y a pas d'effet, sans quelqu'un qui perçoit, il n'y pas de perception. Qui est celui qui perçoit ?**

Q : C'est moi.

MM. **Exact, essayons maintenant de découvrir ce que c'est ce « Je » qui perçoit et fait l'expérience de la corporalité et de l'absence de corporalité, en d'autres termes, de la vie et de la mort, de l'ici et de l'au-delà. Tu appelles ce « Je », qui vit et voit tout cela, ta personnalité, c'est elle qui est ce sentiment du « Je suis ». Admettons que ce « Je » n'existe pas, alors tu ne saurais pas du tout que tu existes, il n'y aurait**

pas quelqu'un qui perçoit et par conséquent pas d'expériences. Est-ce exact ?
Q : Vu sous cet angle, oui.
MM. **A présent regarde profondément en toi, cherche ce « Je », cet individu que tu penses être. Dis-moi ce que tu vois.**
Q. Je ne vois rien.
MM. **Exactement, cela signifie que tu n'es pas un « Je » qui est né et qui va mourir, tu n'es pas ce qui perçoit ni ce qui est perçu, tu es la réalité une et indivisible, intemporelle, sans forme, sans espace, l'essence elle-même. Lorsque tu vois cela clairement, tu reconnais que ce que tu as considéré jusqu'à présent comme étant normal, n'a jamais été vraiment normal.**

Ce que tu perçois, ce n'est pas ce que tu es : ce que tu es réellement ne saurait être perçu. Tu n'es ni un sujet ni un objet, tu es la Totalité, tout ce qui est ! Ce que tu vois et appelles le monde visible n'est qu'un reflet dans la conscience. La création du monde, comme apparition à l'intérieur de la conscience, englobe tout ce qui existe. Parce que toi, la Totalité, tu t'identifies par erreur au corps, tu te représentes aussi les autres comme des corps. Tu tiens ce qui n'est pas, pour ce qui est. Pourtant ne sépare pas ce qui apparaît à partir de toi de ce que tu es réellement. Tout est un ! Laisse ces paroles agir, elles agiront mais pas comme tu te l'imagines.

Le soir du départ, il nous a dit que les choses allaient changer pour chacun d'entre nous. À l'époque nous étions un groupe de jeunes gens et de jeunes femmes plutôt arrogants et, dans la voiture, lorsque nous sommes rentrés en Allemagne, tout le monde a dit d'une seule voix : « Eh bien, je suppose que c'est tout. Pour nous, à coup sûr, rien ne va changer ! » Nous étions persuadés d'avoir rencontré trop de chamans, suivi trop de workshops, participé à trop de groupes de développement personnel et fait trop d'expériences. Quelle erreur ! La vie de tous ceux et celles qui avaient participé à cette rencontre a changé du tout au tout dans un très court laps de temps. Deux mois plus tard, je lui ai fait part par écrit que j'avais cessé la relation compliquée avec mon ami et que j'avais trouvé enfin celui avec qui je souhaitais faire vie commune. Pour moi, une étape entièrement nouvelle de ma vie a commencé à ce moment-là. C'est bien sur cet alpage en Suisse que la mise en œuvre de ma véritable destinée a été amorcée, même si je n'en avais pas été consciente à cette époque.

LE MARIAGE DE LUMIÈRE

Après quelques années, il nous a invités avec plusieurs amis chez lui en Suisse. À cette époque, l'entente dans notre couple n'était plus vraiment au beau fixe, nous vivions côte à côte sans plus être vraiment ensemble. Cela n'a pas pris longtemps avant que je lui parle de notre problème. Mon mari était assis à côté de moi, nous avions convenu que nous lui en parlerions. Il a réagi avec son calme habituel à nos témoignages, puis il nous a demandé si nous étions mariés. La question m'a étonnée car il savait que nous étions mariés depuis de longues années. Je lui ai répondu : « Oui, nous sommes mariés civilement. » - « Ah, nous a-t-il dit, vous n'êtes donc pas vraiment mariés. Vous êtes comme deux étrangers qui ont conclu un contrat ensemble, rien de plus. » Il nous a proposé de rattraper ici et maintenant l'union intérieure pour pallier cette situation, si nous le voulions. « Mais alors vous devrez aussi porter l'entière responsabilité pour votre vie commune », a-t-il encore ajouté. Nous le voulions. Nous avons tous deux fermé les yeux et j'ai senti une spirale lumineuse partir de moi vers mon mari et toucher son être profond, et la même chose se passait en moi venant de lui. Un rapprochement s'était fait très délicatement. Mario nous a ensuite expliqué que non seulement nos corps étaient maintenant mariés mais que nos âmes aussi s'étaient unies, non pas pour s'attacher l'une à l'autre mais pour se délivrer !

Ce qu'il est advenu ensuite, c'est qu'une volonté d'écouter s'est mise en place, une volonté d'écouter et de comprendre vraiment mon partenaire, qualité qui m'avait échappé jusque-là. Les luttes de pouvoir absurdes ont cessé, un sentiment de calme et de contentement s'est installé dans notre relation. Nous avons pris conscience de tout ce que ces interminables disputes avaient déjà détruit ! Nous sommes reconnaissants que nos enfants puissent grandir maintenant dans ce nouvel environnement relationnel et je goûte chaque instant de notre vie commune.

Petites avancées – grands effets

À cette époque, nous n'étions pas encore à même de mettre en œuvre les effets de la puissante force vibratoire des rencontres dans notre vie quotidienne. Nous étions cependant tous convaincus : nous voulions continuer à être partie prenante de ce travail spirituel, il correspondait exactement à la résonance de nos âmes. Lorsque, désireux d'y voir plus clair, nous lui posions la question de savoir quel était le chemin qu'il enseignait, il nous répondait invariablement : « Patience, mes amis, patience ! ». Or la patience n'était pas mon fort à vrai dire et je désirais tant avancer plus vite, atteindre quelque chose. Mais petit à petit cette impatience et cette agitation se sont atténuées puis calmées. Puis il a initié les Cercles intérieurs, « les chemins du feu » comme il les avait aussi appelés. Nous étions tous bouleversés par la puissante lumière qui émanait de lui. Les paroles simples qu'il a prononcées ont eu un effet libérateur total dans cette énorme vibration, toute limitation, toute sécheresse de cœur a été dissoute sur-le-champ. À nouveau, je l'ai regardé avec des yeux neufs. Il nous a dit : « L'ego est comme de l'eau froide, lorsqu'on la chauffe, elle s'évapore. » À partir de ce moment, la mise en pratique du chemin libérateur a commencé pour de bon dans ma vie. Une formidable force lumineuse s'est mise à affluer dans chaque respiration de ma vie de tous les jours et des choses étonnantes se sont passées.

Le ciel s'ouvre

Nous le connaissions maintenant depuis de nombreuses années et nous avions la chance de pouvoir lui rendre visite de temps à autre en Suisse. Entretemps il s'est retiré de ce niveau personnel et il ne reçoit plus guère chez lui, à la maison. Pour nous, ces visites marquaient des moments forts dans l'année. Un événement particulièrement impressionnant, qui s'est passé lors de l'une de nos dernières visites, m'est resté en mémoire. Nous étions cinq et nous nous promenions avec lui sur les rives du lac. C'était au début de l'après-midi. Un vent assez fort s'est levé et le ciel s'est assombri. De gros nuages de pluie se sont amassés au-dessus de nous. Nous nous sommes assis un moment sur un tronc d'arbre près de l'eau pour admirer le spectacle de la nature. Mais nous n'étions pas rassurés. « Continuons notre chemin », nous a dit Mario. Nous avons pris le chemin du retour par un raccourci à travers champs mais les voitures étaient bien loin encore lorsque de grosses gouttes de pluie se sont mises à tomber. Pas de doute, sous peu nous allions tous être trempés jusqu'aux os. Mario s'est arrêté en disant : « Attendez un instant. »

Il a étendu ses bras vers l'énorme orage. Ce que nous avons vu alors de nos propres yeux, est à peine croyable. Il a demandé aux forces de la nature de s'apaiser et elles lui ont obéi. Le ciel au-dessus de nous s'est entrouvert, laissant la place à des rayons de soleil et à un arc-en-ciel. Pas une goutte n'est tombée sur notre chemin. C'était comme s'il avait d'un geste de la main créé un mur invisible qui montait jusqu'au ciel, la pluie n'avait aucune chance de nous atteindre. Pourtant, juste à côté de nous, il pleuvait à verse. Nous sommes restés sans voix, essayant de comprendre l'insaisissable. Nous avons continué notre chemin jusqu'à la place où nous avions garé des voitures. C'est là que nous avons vu les traces qu'avait laissées la pluie diluvienne. Toutes les terrasses étaient vides, les promeneurs avaient disparu. Nous seuls sommes revenus à pied sec à travers champs.

Il nous a expliqué ensuite que ce qui est limité reste inséré dans l'illimité, et que celui qui n'est plus imbriqué dans le limité entretient un autre rapport avec la nature et ses forces. L'illimité est absolument et en tout point détaché et libre de ce qui est limité – mais que serait notre merveilleuse planète Terre sans l'eau ni les vents ? Pour chacun de nous, cela a été une expérience et un enseignement très profonds. Une fois de plus nous avons reconnu nos propres limites intérieures et où nous pouvions les dépasser en nous-mêmes.

Une opération de lumière

Un jour alors que j'étais en plein travail dans notre institut, le téléphone a sonné : le médecin chez qui j'étais en traitement m'appelait pour m'informer que les résultats des analyses avaient révélé un fort risque de cancer et que je devais me rendre dans une clinique pour me soumettre à une opération. Ce diagnostic a provoqué un choc et je me suis fait examiner par d'autres médecins encore. Ils ont tous conclu au même diagnostic. J'ai appelé Mario pour lui demander ce que je devais faire. Il m'a dit : « Rien, reste calme, mais fais-toi opérer très vite. ». Intérieurement j'étais profondément ébranlée mais mon mari m'a soutenue et accompagnée durant toute cette phase difficile de ma vie. Je ressentais une profonde douleur qui me coupait le souffle : étais-je déjà condamnée à quitter mon mari, mes enfants, mes amis ? Pourtant, en même temps qu'il me venait ces sombres pensées, je sentais avec une certitude absolue qu'il ne pourrait rien m'arriver si je mourais. Au tréfonds de moi, je sentais et savais que l'essence de mon être était immortelle. J'ai appelé Mario pour lui demander de m'accompagner pendant la narcose et l'opération. Après cela, un doute m'a taraudée : « Ne va-t-il pas m'oublier ! ». Le soir précédant l'opération il me fallait absolument l'appeler encore une fois bien que j'aie été très partagée. J'avais honte de mes doutes et pourtant je n'arrivais pas à m'en défaire. Donc je l'ai appelé le cœur battant. « Mario, je voulais simplement entendre une fois encore ta voix. » ai-je essayé de m'en sortir. – Il m'a répondu : « Je ne t'ai pas oubliée. », puis il a répété encore une fois : « Je ne t'ai pas oubliée ».

Le lendemain Ernst m'a accompagnée jusqu'à la salle d'opération, nous en avions fait la demande. Le visage de mon mari a été la dernière image que j'ai perçue avant de glisser dans la narcose.

Cette opération a été l'une des rencontres les plus profondes avec la grande Lumière que j'aie vécues. L'amour de Mario était pleinement là ! J'étais assise dans un pré au soleil, inondée de lumière pleine d'amour et de force, mon âme jubilait. Lorsque j'ai émergé de la narcose, je savais : tout irait bien. Peu après, Ernst m'a raconté qu'au moment où l'opération a commencé, la vibration et la force dans la salle se sont amplifiées immensément. Une fois l'opération terminée, toutes les personnes qui y avaient assisté étaient détendues avec une expression de plénitude sur leurs visages. Durant tout ce temps, je me suis sentie puissamment accompagnée par Mario. Dans cette phase très intense, ma vie a changé profondément une fois de plus. De le rencontrer et de participer à ce grand travail qu'il incarne, c'était là ma destinée. Plus je voyais tout cela clairement et plus je plongeais dans cette force bénéfique qui me délivrait petit à petit de mes états embrouillés. Je suis devenue plus calme, plus paisible et ma vie s'est remplie de joie. Ma rencontre avec lui est la plus belle chose qui ait pu m'arriver.

La conscience multidimensionnelle

Ernst Karl, Allemagne

À vingt-quatre ans, je me suis retrouvé dans une impasse dans beaucoup de domaines, mon existence me semblait aboutir à un fiasco total. Dans un certain sens, je n'avais pas réussi à m'intégrer vraiment dans le monde avec mes prédispositions et mes possibilités personnelles. Rétrospectivement, je vois clairement à quel point j'étais désorienté et perdu à cette époque. En effet, très tôt dans ma vie, beaucoup d'objectifs de vie et de mécanismes inhérents à notre société m'avaient paru bien superficiels. Il n'y avait rien là qui m'aurait fait envie. D'où chez moi une tendance à fuir ou à refuser ce qu'on appelle une vie normale, ce qui s'est traduit par une accumulation de voyages à l'étranger et des expérimentations avec des drogues. Mais là encore je ne trouvais pas non plus de réponse à mes interrogations profondes. Il me manquait quelque chose d'essentiel. Avec Mario Mantese, cet essentiel a fait son entrée en force dans ma vie.

Le tournant inattendu

C'est par Susanne, ma petite amie de l'époque qui allait devenir ensuite ma femme, que j'ai fait la connaissance de Mario. Cette première rencontre a été une expérience extrêmement profonde et bouleversante pour moi, qui a marqué un tournant dans ma vie. Quand Mario a commencé à parler, j'ai tout de suite saisi que j'entrais là en contact avec quelque chose que j'avais cherché sans le savoir depuis toujours. J'ai été transporté dans un état de bien-être extraordinaire. Intérieurement, je jubilais et, intuitivement, j'ai perçu ses mots profonds comme étant absolument vrais.

Des années plus tard, il a déclaré un jour : « Les mots sont des actes. » Oui, ses mots sont des actes. Au cours des années qui ont suivi, pendant les rencontres et lors d'entretiens personnels, il m'a aidé de manière inédite à me sortir pas à pas de mes anciens blocages et de mes comportements paralysants et à assumer enfin la responsabilité de ma vie.

Sans compromis aucun, il m'a ramené vers le monde, me montrant parfois très énergiquement que la véritable spiritualité prenait pied dans le quotidien. Souvent, il disait : « Ce n'est qu'avec les deux pieds bien sur terre que l'on peut atteindre les étoiles. » - Il n'a pas hésité à se transformer en torrent déchaîné ou en volcan en éruption, pour me tirer de mon hypnotique apitoiement sur moi-même et m'en libérer.

L'homme céleste

Je me souviens de l'avoir entendu dire un jour lors d'une réunion : « Il y a trois raisons à ces rencontres : premièrement, l'éveil de l'homme céleste, deuxièmement, le rétablissement de l'homme céleste, troisièmement, la résurrection intérieure de l'homme céleste. »

Ces mots puissants m'ont touché à un moment où de grands doutes me tenaillaient. J'avais perdu de vue passagèrement ce travail spirituel immense. Or ces mots-là sont tombés à point nommé, au moment exact où je me demandais à quoi tout cela rimait au juste. Il avait eu une perception immédiate de mon interrogation et lui a donné une réponse sur-le-champ. Cette capacité de percevoir les interrogations intérieures et d'y répondre derechef est une de ses facultés que je connais bien et que j'estime hautement.

À chaque fois j'en suis de nouveau épaté, même treize ans après notre première rencontre. Un jour, nous lui avons posé une question à ce sujet. Il nous a brièvement expliqué qu'un homme éveillé représentait une conscience multidimensionnelle, une faculté de voir sans quelqu'un qui voit. Il est rare qu'il évoque ses possibilités illimitées, considérant qu'il est inutile voire gênant que ses interlocuteurs focalisent leur attention sur cela. « Les choses arrivent parce qu'elles arrivent, et non pas parce que quelqu'un voudrait qu'elles arrivent », voilà son explication.

À cette époque de doutes et d'incertitude, l'avenir de l'humanité et de la terre était pour moi un sujet d'inquiétude. Un jour, l'occasion s'est présentée pour lui poser ma question :

Q : Quand je vois à quelle vitesse notre société se développe et se transforme, à quel point notre environnement en souffre, quand je vois toutes ces catastrophes, ces épidémies, ces guerres, ces famines, je m'inquiète très sérieusement de l'avenir de la terre et de l'humanité. Comment vois-tu cela, toi ?

MM : **Tu peux te souvenir de ton passé, est-ce que tu peux te souvenir de ton avenir également ?**

Q : Non, c'est une question inhabituelle !

MM : **Quand tu parles d'avenir, est-ce que tu veux dire par là la journée de demain ou bien un avenir lointain ?**

Q : Je dirais plutôt un avenir lointain.

MM : **Où seras-tu, dans cet avenir lointain ?**

Q : Je ne peux pas le savoir en ce moment.

MM : **Si cet avenir cosmique est tout tracé depuis des temps immémoriaux, s'il existe donc déjà maintenant, loin devant nous, quelles sont les répercussions de cet avenir dans ton présent en ce moment même ? Cet avenir, en effet, ne saurait exister indépendamment de toi. Tu supposes que tu es en train d'avancer inéluctablement vers cet avenir, per-**

suadé que tu devras inévitablement passer par tout ce que te réserve cet avenir. Et comme tu ne sais pas ce qui t'attend, tu t'inquiètes, tu as peur et tu es profondément insécurisé. Pourtant, ce que tu appelles passé et avenir doit se trouver présentement en toi-même, puisque tu es toi-même en ce moment même la plaque tournante qui voit se transformer le passé en avenir. Maintenant, la question se pose de l'endroit exact où se trouve ce point d'intersection dans ton cerveau, où le passé et l'avenir se rencontrent dans le présent. As-tu déjà vécu ton avenir ?

Q : Je me sens dépassé par ta façon de voir les choses. J'ai l'impression que mon cerveau est sur le point d'exploser.

MM : **L'avenir et le passé, c'est maintenant. Tu ne vis qu'à partir de ta mémoire, c'est-à-dire à partir de ton passé, à partir des expériences emmagasinées, à partir du savoir accumulé, à partir des innombrables concepts et de toutes les idées que tu t'es faites. Ce ne sont que des processus et des mouvements qui se déroulent dans ton cerveau, et ce sont exactement ces mouvements de pensée qui te font miroiter l'existence d'un hier et d'un demain, d'un passé et d'un avenir. Le temps et l'espace ne sont rien d'autre que des concepts, comment le passé et l'avenir pourraient-ils être réels ? Tout est maintenant, plénitude, omniprésence !**

Ne te soucie pas de ce qui sera demain, découvre ce que tu es maintenant. Quand tu vois clairement tout ce que tu n'es pas, tu vois que tu n'as pas à te soucier de ce que tu es véritablement. Réalise très profondément ce que je viens de te dire, alors tout sera en ordre ! Occupe-toi du présent vivant, l'avenir s'arrangera tout seul.

J'étais assis là, médusé. Sa vision traverse tout, elle efface ce qui voit et ce qui est vu. Celui qui est vraiment à l'écoute de ce qu'il dit, s'éveille !

Son être multidimensionnel

Un jour, j'ai fait moi-même l'expérience très concrète d'un effet immédiat de cette conscience multidimensionnelle. Après une rencontre à Munich, Mario était resté un jour de plus dans cette ville et nous avons fait une promenade avec quelques amis près du lac de Walchen.

Le soir, nous nous sommes retrouvés à vingt-cinq dans l'appartement de l'un de nos amis pour recevoir encore une fois la bénédiction de sa présence. Alors que Mario s'entretenait avec notre hôte, une projection mentale très forte surgit en moi, s'amplifia et échappa à mon contrôle : je m'imaginais que pendant leur promenade, ils avaient parlé de moi et qu'ils n'avaient pas tari d'éloges à mon sujet. C'était là une vieille sorte d'énergie en moi qui m'accablait profondément lorsqu'elle refaisait surface. Je savais à quel point c'était puéril et absurde, mais c'était plus fort que moi. Je m'efforçais de reprendre le contrôle de mes pensées, connaissant la perception extraordinairement fine de Mario. S'il voyait ce qui se passait dans ma tête, j'en aurais été profondément gêné. Au moment où cette brûlante soif de reconnaissance a atteint son point culminant, il était juste en train de répondre à une question d'une autre personne, assise par terre en face de moi.

À ce moment précis, Mario a esquissé un geste discret mais puissant avec son poignet dans ma direction. Aussitôt une impulsion énergétique m'a touché avec une puissance telle que ma tête s'est immédiatement vidée. Toute la construction mentale s'était écroulée comme un château de cartes sous un coup de vent. Depuis là ce genre de pensées et de désirs n'ont plus jamais fait leur réapparition en moi. Autour de nous, personne n'avait remarqué qu'il avait fait en passant le ménage en moi, m'offrant par la même occasion un cadeau bien précieux. Quand plus tard j'ai évoqué une fois encore cette conscience multidimensionnelle, il m'a expliqué ceci : « Dans l'espace et le temps, cette conscience apparaît comme étant multidimensionnelle mais, en soi, elle n'est qu'une apparition. Dans la Totalité, il n'y a personne qui perçoit, et rien qui puisse être considéré comme multidimensionnel. Voir est ce que nous sommes véritablement ! »

Il a toujours évité de faire usage de ses possibilités illimitées de manière ostentatoire mais je sais intuitivement et profondément que rien au monde ne peut tenir tête ni résister à cette force universelle qu'il est. Sur un plan très profond, j'ai déposé ma vie à ses pieds, il est mon père spirituel, le but et l'accomplissement de ma vie. Son amour et son intelligence universelle sont pour moi les garants d'une existence divine et de l'entière délivrance de tout malentendu, de toute confusion et de toute dureté de cœur. Chez lui, rien ne nous est pris, mais tout nous est offert.

Le voyage vers l'inconnu

Roland Strasser, Allemagne

Le souvenir est resté très vivant en moi. Une amie de Suisse, dont j'avais fait la connaissance lors d'une rencontre de chamans, m'avait parlé d'un « guérisseur » qui habitait la même ville qu'elle et qui allait organiser un séminaire dans un chalet d'alpage. J'ai appelé plusieurs de mes amis dont je connaissais l'intérêt pour « ce genre de choses ». Quelques semaines plus tard, nous nous mettions en route en direction des Alpes. J'étais bien loin de me douter alors que cette première rencontre avec Mario Mantese tout là-haut allait transformer ma vie de fond en comble.

Aussi loin que je me souvienne, quelque chose en moi était à la recherche d'une vérité, d'une réponse à mes nombreuses questions, de la résolution des grandes énigmes. Lorsque j'étais enfant, je pensais que les adultes m'expliqueraient plus tard de quoi il retournait. À cette époque déjà, je pressentais que quelque chose ne collait pas dans cette explication du monde telle qu'on me la donnait alors. Lorsque je suis devenu plus grand, force m'a été de constater que ni les parents, ni les instituteurs, ni même les prêtres n'avaient de vraies réponses. Il me semblait qu'ils tâtonnaient tous dans le noir.

Adolescent, j'ai goûté à tout ce que m'offrait la vie, j'ai tout aspiré goulûment. Je n'ai manqué aucune fête, aucune ivresse mais rien n'apaisait ni ma faim, ni ma nostalgie. J'ai pris aussi du LSD, une drogue hallucinogène, et un beau jour j'ai été victime d'un « bad trip » : une porte s'est ouverte à ce moment-là en moi, qui ne s'est plus laissée refermer. Si les expériences faites avec cette drogue jusque-là m'avaient parues extatiques, une terrible angoisse jusqu'alors inconnue me guettait derrière cette porte invisible intérieure qui venait de s'entrouvrir. Elle s'est jetée sur moi comme une bête sauvage. Mon monde a été ébranlé, je venais d'avoir seize ans.

Chez Bhagwan à Poona

Après cette crise, j'ai décidé d'aller en Inde pour tenter d'y trouver de l'aide et des réponses. Ce pays me fascinait depuis pas mal de temps déjà. Après les premiers mois passés à voyager avec d'autres à travers le pays, je me suis rendu compte que je n'avancerais en rien de cette manière-là. Ma psyché était à ce point esquintée que j'avais l'impression que ma vie n'était suspendue plus qu'à un fil bien mince. Je me trouvais à Goa, dans l'Inde du Sud, je n'avais ni argent, ni billet de retour, mon monde s'était désagrégé. Je me sentais comme un poussin frais sorti de l'œuf, sans défense aucune face au monde environnant. Dieu ne m'était pas étranger, je priais souvent et, malgré de gros doutes, j'avais l'impression d'être guidé.

Je me souviens d'une belle histoire à ce sujet. Un homme rencontre Dieu à la fin de sa vie et lui demande : « Seigneur, tu m'avais promis d'être toujours à mes côtés et lorsque je regarde mes traces de pas dans le sable, je vois qu'il y a deux traces la plupart du temps. Pourtant, dans les passages les plus désespérés, je ne vois qu'une trace. Pourquoi m'as-tu quitté justement dans les moments où j'aurais eu le plus besoin de toi ? » Le Seigneur lui a répondu : « Vois, j'étais et je suis toujours près de toi. Si tu n'as vu qu'une trace dans les moments de la plus grande détresse, c'est parce que je te portais. »

Puis j'ai eu l'envie de partir dans l'Himalaya avec l'un de mes collègues qui poursuivait lui aussi sa quête. Nous espérions y rencontrer un gourou compétent qui puisse fournir des réponses à nos questions. Nous avons fait un crochet par Poona, qui se trouvait sur notre route en direction du nord, et où mon compagnon de route s'était fait envoyer son courrier. L'ashram de Bhagwan Shree Rajneesh, connu plus tard sous le nom d'Osho, se trouvait à cette époque à Poona. Bhagwan était alors l'incarnation même du gourou indien pour les Occidentaux mais je n'avais encore jamais entendu parler de lui. Nous voulions rester là tout au plus deux jours, deux jours qui sont devenus six mois pour moi. Beaucoup de personnes qui, aux yeux de la société, avaient réussi mais atteint en même temps les limites, séjournaient là pour se défaire enfin de leurs chaînes. C'était un immense champ expérimental et Baghwan l'une des personnalités les plus fascinantes que j'aie rencontrées. Son charisme, son génie verbal et son esprit étaient légendaires. Je suis bien sûr devenu un « sannyasin » (un renonçant) mais on ne m'a ni soutiré mon argent, ni soumis à un lavage de cerveau, comme les médias occidentaux avaient l'habitude de le rapporter à l'époque. J'ai bénéficié d'une grande aide et j'ai vécu là un temps qui s'est avéré précieux pour moi. Ma vie de sannyasin s'est achevée lorsque Osho et ses disciples ont quitté l'Inde pour s'établir dans l'Oregon. Je ne comprenais ni ne partageais les orientations du nouvel ashram. Bhagwan souhaitait marier religion orientale et science occidentale mais l'histoire a montré par la suite que tout le mouvement s'est perdu dans des structures de pouvoir. En y songeant aujourd'hui, je vois que cette forme de travail spirituel, tel qu'il était pratiqué à Poona et plus tard par nombre de courants ésotériques, intervient profondément dans la structure de la personnalité. Selon le thérapeute et la technique, les effets vont être différents. Et c'est exactement là le nœud de l'affaire : tout cela se passe uniquement au niveau de la personnalité. Ce genre de travail fait miroiter que l'on est réellement entré dans un autre espace intérieur. En fait, on évolue encore et toujours dans le même espace intérieur qu'auparavant, les meubles ont simplement été changés de place et peut-être la décoration a-t-elle été refaite. C'est ainsi que les vieilles structures et les forces tenaces de l'ego se trouvent encore renforcées. Seulement voilà : « Si un homme ne naît d'eau et d'Esprit, il ne peut entrer dans le royaume de Dieu », j'en ai pleinement pris conscience plus tard.

La quête prend fin

Durant le temps précédant et aussi après mon voyage en Inde, j'ai moissonné à peu près tout l'éventail d'offres spirituelles. J'ai lu quantité de livres, j'ai dansé avec les derviches, j'ai chassé avec Don Juan, j'ai été travailleur de lumière et chaman indien. J'ai philosophé avec Nietzsche, Hesse ou Gustav Meyrink et je me suis plongé dans les enseignements de Seth et d'Elisabeth Haich. Les maîtres tels que Gurdjeff, Krishnamurti et Yogananda m'ont fasciné. J'ai littéralement dévoré leurs livres et j'ai participé à des séminaires, à des ateliers et des cours. Mon savoir dans ces domaines s'est accumulé et il m'était facile d'impressionner mon entourage. Mon ego s'était refait une nouvelle structure en Inde après ma dépression mais je persistais à tâtonner dans le noir. Mon angoisse était à peu près sous contrôle mais elle continuait de faire partie de ma vie. J'avais vingt-cinq ans lorsque j'ai participé à l'organisation d'un séminaire avec Mario Mantese en Suisse et je pensais alors que ce séminaire n'allait sans doute être qu'une station de plus dans mon inlassable quête. Je me trompais. Les journées avec lui sur un alpage ont été extrêmement intenses. À cette époque, il travaillait essentiellement sur nos corps énergétiques et il nous aidait à accéder à une nouvelle compréhension de l'être intérieur illimité. Il s'est passé quelque chose

d'extrêmement puissant en moi mais je n'ai découvert que petit à petit ce que c'était exactement. Ce qui était sûr, c'est que j'avais organisé moi-même l'aboutissement de ma quête !
Lors de cette rencontre, je lui ai posé la question qui me préoccupait depuis tant de temps.

Question : J'ai rencontré beaucoup de maîtres spirituels et de chamans et j'avais un gourou mais je continue à tâtonner dans le noir. Que puis-je faire pour y voir enfin clair et réaliser la libération définitive ?
MM : **Mis à part que tu tâtonnes dans le noir et que tu ne vois pas clair, comment est-ce que tu te vois maintenant, en ce moment ?**
Q : Je me vois comme une personne en quête de clarification et de libération.
MM : **Tu avais un gourou, est-ce qu'il t'avait aussi ?**
Q : Comment entends-tu cela ?
MM : **En sanscrit, « gu » signifie obscurité et « ru » lumière, alors, qui avait qui ? Le gourou n'est ni un corps ni un individu, comment en arrives-tu à penser que tu avais un gourou ?**
Q : Ce gourou avait un corps physique, j'ai écouté ses paroles de sagesse, ce qui m'a amené à de profondes prises de conscience.
MM : **Tu as dit que tu « avais » un gourou. Où est-il maintenant ?**
Q : Il a quitté son corps, il est mort.
MM : **Et toi, tu es encore ici.**
Q : Cela en a tout l'air.
MM : **Est-ce que tu l'as vu naître, est-ce que tu l'as vu mourir ?**
Q : Non.
MM : **Alors comment sais-tu qu'il est né et qu'il est mort ?**

Tu l'as vu comme un corps mais ce corps n'était qu'une apparition que tu perçois en tant que reflet dans ta conscience sur le plan relatif. C'est au travers de cette apparition que tu réunis des informations et des images, et ce sont ces impressions-là que tu qualifies et interprètes. Cette perception subjective t'amène à admettre qu'à part toi, il en existe d'« autres » encore.
Tout ce que tu vois est totalité et malgré cela, tu penses voir des objets et des autres. Le gourou n'existe qu'en tant qu'image mentale dans la conscience. Il existe vraiment mais pas comme tu te l'imagines ! Arrête de chercher, il n'y a plus rien à trouver pour toi. Être toi-même ne nécessite aucun effort car tu es toujours cette réalité une, tu ne peux pas te séparer de toi-même.
Comme Dieu est tout, tu ne peux pas être autre chose que Dieu non plus. Comme Dieu est tout, tous les autres sont aussi Dieu, sauf que dans l'unité de Dieu il n'y a pas d'autres. Les autres ont été pensés par toi et par conséquent ils ne sont rien que des images mentales dans la conscience, comme des bulles d'eau sur l'océan. Sois tout simplement toi-même !

Lorsque j'ai entendu ces paroles, j'ai su que j'étais arrivé à la fin de ma quête.

UN GROUPE SE RÉUNIT

Le dernier soir passé sur l'alpage, Mario nous a raconté qu'il rencontrait régulièrement un petit groupe de personnes près de Munich. Si cela nous intéressait, nous y serions les bienvenus nous aussi. Lorsque j'ai répondu à son invitation quelques mois plus tard, j'ai tout de suite été frappé de voir à quel point les gens qui venaient chez lui étaient différents les uns des autres – que ce soit au niveau de l'âge, du statut social ou des philosophies de vie. Nous nous sommes dévisagés mutuellement avec un certain scepticisme. Indifférent à nos regards et à nos pensées critiques, Mario a commencé de parler. En fait, il avait immédiatement perçu notre scepticisme.

D'emblée il nous a dit : « Le poison de sympathie et d'antipathie guide votre vie. Vous pouvez vous en rendre compte juste maintenant, par vous-même, et voir à quel point vous êtes pris dans ces forces étouffantes, destructrices. Vous regardez dans votre propre miroir. Avec ces forces-là, vous vous construisez votre propre prison intérieure où vous vous maintenez emprisonnés. La question qui se pose maintenant, c'est de savoir combien de temps vous voulez rester encore dans cette cellule parce que la porte de la cellule est ouverte ! »

Après presque quinze années de ce travail avec lui, je me rends compte avec quelle précision et quelle bienveillance il fait s'accomplir cet énorme processus de libération en nous tous. C'est comme un appel silencieux, qui émane de lui et de son travail spirituel. Toujours plus de gens viennent et participent régulièrement à ses rencontres. Aujourd'hui, je vois combien son prodigieux travail spirituel avec nous a dû être difficile et délicat surtout au début. Cela n'a pas été simple de réunir des gens dans un groupe à qui l'on ne proposait ni exercices, ni méditations, ni rituels, ni mantras, rien pour l'intellect, rien pour l'ego. Je me rappelle des mots qu'il utilisait alors, tels que « faire le grand ménage » ou « la clarification du champ ». Nous étions pleins d'idées toutes faites et d'espoirs mystiques, chacun de nous avait ses propres idées sur ce qu'était ou devait être le chemin spirituel, chacun était convaincu d'avoir raison. Pourtant, petit à petit, très délicatement mais avec force, un vent nouveau s'est mis à souffler à travers nos systèmes. Les malentendus ont été levés puis dissous. Lentement le groupe tout entier s'est retrouvé dans une nouvelle lumière au vrai sens du terme et ce n'est qu'à partir de ce moment-là que nous avons pu commencer le travail spirituel libérateur proprement dit. Avec une grande lucidité, il a évité en ce temps-là de susciter en nous de nouvelles idées ésotériques ou spirituelles. Il n'était pas question d'un coup d'envoi unique et sans suite ou d'histoires faites pour étonner l'auditoire mais d'une transformation intérieure profonde et irrévocable. Avec infiniment d'humour et de patience, il cassait nos vieux schémas de pensée.

Une capacité de discernement neuve

Parfois la vibration dans les rencontres était si forte que j'aurais aimé prendre mes jambes à mon cou et filer. Pour l'ego, cette force n'est pas supportable. Jusque-là j'avais toujours pensé que les grandes transformations se faisaient d'un seul coup – comme un éclair. Mais ici, j'ai appris une leçon. Mario nous a expliqué que les expériences étaient du domaine de l'ego et comme dans ce travail il s'agissait de dissoudre les forces de l'ego, nous n'avions plus à nous préoccuper d'expériences ni de résultats. C'est là la grande différence entre son travail et tout ce que j'avais appris à connaître précédemment. Là, on voulait obtenir des résultats très vite, on était à la recherche d'expériences exceptionnelles et de grandes découvertes spirituelles. Tout cela était fort agréable mais une fois le séminaire terminé on retombait très vite dans les vieilles habitudes et structures et on n'en gardait qu'un pâle et vague souvenir. Donc, on repartait de plus belle pour le prochain grand frisson, le prochain séminaire, le prochain maître.

Mario a toujours dit clairement qu'il était opposé aux techniques, pratiques et exercices spirituels, au grand dam de nombreux auditeurs ambitieux. Il a dit une fois en plaisantant : « Je me demande si Dieu doit s'exercer à être Dieu ? »

On pourrait facilement passer par-dessus ses messages simples et ignorer son immense profondeur. C'est pourquoi il cite parfois la *Bible* : « Ils ont des yeux et ne voient point, ils ont des oreilles et n'entendent point ! »

Une fois je lui ai parlé de cette grande angoisse paralysante qui faisait partie de ma vie depuis de longues années. Il ne m'a pas répondu, je ne savais même pas s'il m'avait entendu. Une année plus tard, il m'a demandé comme en passant où en était ma peur maintenant. Effectivement, elle s'était entièrement dissoute, mine de rien – simplement comme ça.

Le Cercle intérieur

Lorsque Mario a créé et activé les Cercles intérieurs, il régnait une atmosphère solennelle, comme celle précédant un très grand événement. Il a demandé à chacun de nous si nous étions vraiment sûrs de vouloir prendre ce chemin de libération : nous devions être conscients que ce n'était pas un quelconque jeu ésotérique.

À cet instant, j'ai pris clairement conscience que ma réponse serait irrévocable. Je savais que j'avais attendu ce moment depuis fort longtemps. Puis, lorsqu'il a ouvert la porte de lumière immense, illimitée, l'espace et le temps se sont dissous et j'ai su que pour moi il n'y avait que « Oui, je le veux ». Des larmes ont coulé sur mes joues, mon être intérieur a été ébranlé jusqu'à son tréfonds. Le rayon d'amour qui m'a traversé était si doux, si puissant et vif à la fois, qu'il a inondé immédiatement tout mon être. Les limitations et les rigidités intérieures ont été littéralement rincées hors de moi et une sphère énorme de lumière s'est ouverte en nous. Je le savais, jamais je n'avais été autre chose que CELA ! Je rencontrais mon être originel, j'étais enfin arrivé à la maison. Une perception intuitive s'est ouverte en nous dans cette lumière, une capacité de discernement nouvelle qui nous permettait de reconnaître le faux comme étant faux et le vrai comme étant vrai.

Tel un jardinier, il ôte les mauvaises herbes intérieures, il agit sur tous les plans de l'existence et intervient si nécessaire, parfois avec force ou sévérité mais toujours avec douceur et amour. Il est comme un aigle aux mille yeux, rien ne lui échappe ! Avec son amour immense, il éveille délicatement le vrai en nous et le fait s'épanouir. Je me souviens d'une de ses remarques qui explique bien son travail : « Je vous connais tous parfaitement bien mais je ne sais pas qui vous êtes en fait ! »

Ma vie a pris un cours très normal, je suis marié depuis peu et j'ai une petite fille. Mon travail me fait plaisir et j'ai les deux pieds bien sur terre. J'assume la responsabilité de ma vie. Je laisse le travail spirituel, cette immense lumière, rejaillir toujours plus dans ma vie – oui, c'en est devenu la base. Je vois disparaître les toiles tissées par mes concepts, qui me retenaient prisonnier. Comme un aveugle voyant, j'errais autrefois dans mon propre monde d'ombres et je me perdais sans cesse dans de fausses images et de fausses idées.

Il est la lumière du monde. Par lui, je reconnais qu'il n'y a qu'une lumière universelle qui brille, et que dans cette lumière il n'y ni moi, ni toi, ni aucun autre.

SA GRÂCE ACCOMPLIT DES MIRACLES

Eva Jakobs, Allemagne

C'est le début de l'hiver, pour moi une matinée de femme au foyer. Les jours ouvrables où je travaille à temps partiel sont derrière moi. Voilà qu'aujourd'hui je peux savourer un moment de paix et de solitude. De la fenêtre, le regard plonge dans une froide journée de novembre. Tourbillons de flocons de neige, lourds nuages gris qui passent devant le soleil. Au-dedans de moi, le regard plonge dans des images emmagasinées dans ma mémoire : ma première rencontre avec Mario Mantese a eu lieu il y a onze ans. Je me trouvais alors dans une crise existentielle profonde et je ne savais plus à quel saint me vouer tant j'étais empêtrée dans mes émotions et mes préoccupations.

Je venais d'avoir trente ans et j'essayais de résoudre mes problèmes dans une psychothérapie de groupe. Pourtant je continuais de m'enfoncer dans les difficultés, les angoisses et j'étais en proie à une agitation croissante. Je ne trouvais plus le sommeil et, pendant une semaine entière, je n'ai même plus réussi à avaler quoi que ce soit. Lorsque j'y repense, c'était la période la plus sombre de ma vie. J'étais sous l'emprise de processus intérieurs destructeurs qui généraient inlassablement des sentiments de honte, de l'autocritique, un désespoir et un désarroi profonds. J'ai finalement cherché aide et conseil auprès d'amis qui m'ont parlé de Mario et encouragée à l'appeler. Ils l'avaient entendu parler et ils étaient persuadés que c'était là quelqu'un qui avait accès à de grandes forces sacrées.

C'était bien étrange de composer un numéro de téléphone à l'étranger et de m'adresser à un inconnu pour lui parler de la grande détresse de mon cœur. Mais quelle chance qu'un tel numéro existait ! L'échange avec lui a été bref et surprenant et il m'a même fait rire de bon cœur. Il m'a invitée à participer à l'une de ses rencontres, en m'expliquant que c'était là que son travail se faisait. La décision de continuer ou d'arrêter ma thérapie n'appartenait qu'à moi, sinon notre échange aurait été vain, a-t-il précisé.

La prochaine rencontre a eu lieu dans un faubourg de Munich. Il y avait beaucoup de monde. J'étais très curieuse de voir l'homme dont je ne connaissais jusqu'ici que la voix au téléphone. Mon cœur n'a fait qu'un bond lorsque mon regard est tombé sur lui. Il y avait tant de bonté dans ses yeux. Dans les moments de silence entre ses interventions parlées, j'ai senti mes tensions intérieures se défaire, et des larmes silencieuses sont montées au grand jour pour couler sur mes joues tout au long de la journée. Voilà que l'on m'offrait une ligne directrice pour ma quête de sens, de vie, de légèreté, de bonheur et d'amour. Jusqu'à aujourd'hui je ne m'en suis plus jamais écartée.

Je lui ai demandé quel était le sens de la vie.

Question : Quel est le sens de la vie ?

MM : **De réaliser que c'est un non-sens de chercher un sens à la vie puisque la chercheuse elle-même est de nature illusoire. La chercheuse se cherche elle-même, et quand elle regarde profondément en elle-même, elle ne trouve rien. Il n'y a rien à trouver puisque ce qu'elle cherche, c'est ce qu'elle est !**

Q : Je n'y comprends rien.

MM : **Quand est-ce qu'on se met à chercher le sens de sa vie, sinon au moment où quelque chose nous préoccupe. Quand on est malheureux, mécontent ou que l'on s'ennuie, on se demande quel sens donner à tout cela. Mais qu'en est-il de ce « Je » qui se pose la question du sens de la vie, et qui cherche, quel est ce « Je » qui souffre ?**
Q : Il y a tant de mal dans ce monde que la question du sens me semble justifiée !
MM : **Il n'y a rien de bon ou de mauvais dans ce monde, à moins que l'on ne le pense et le fasse. Mais ce qui est bon n'est jamais entièrement bon, et ce qui est mauvais n'est jamais entièrement mauvais. Qu'en serait-il si, tout à coup, ce qui pense et fait ces bonnes et ces mauvaises choses n'existait plus ? Qui est-ce qui pense ces bonnes ou mauvaises choses et qui agit en conséquence ?**
Q : C'est moi. Je pense bien et mal et j'agis en conséquence !
MM : **Pourrais-tu me décrire un peu plus précisément ton « Je », s'il te plaît ? Quelle taille a-t-il, quelle couleur ?**
Q : Tu me fais marcher !
MM : **Pourquoi ? Tu as dit avec une telle certitude : je pense bien et mal, que je dois admettre que tu connais très bien ton « Je ».**
Q : Je ne peux pas dire cela aussi précisément, je crois, et j'avoue que tu m'embrouilles. Personne ne m'a jamais posé ce genre de questions jusqu'ici. Aide-moi à y voir clair, je sens que c'est important.
MM : **Tu t'identifies avec tes pensées et tes actes, c'est pour cela que tu es persuadée d'être le sujet agissant et donc responsable de tes actes. Chacun de tes actes est perceptible pour toi en tant que manifestation. Mais qui est celle qui perçoit, et qui est celle qui agit ?**
Q : C'est moi-même. Je perçois et j'agis.
MM : **Comme tu l'as vu toi-même, ce « Je » n'est pas**

quelque chose de réellement existant. Ce « Je » n'est qu'un reflet dans la conscience. Le monde tel que tu le vois n'existe qu'en tant que perception. Et puisque tu t'identifies avec ce que tu perçois, tu es intimement convaincue que tes perceptions et interprétations subjectives sont réelles et vraies. Mais ce que tu perçois à travers tes sens et ce que ton mental interprète, ce ne sont que des apparences dans la conscience, étendues dans l'espace et le temps. L'objet qui perçoit n'est qu'une idée, tout comme l'objet perçu.
Tes espoirs, tes désirs et tes peurs ne sont que des rêves. Ils surgissent lorsque tu es touchée par tes sens en rêve. La question du sens de la vie et l'idée du bien et du mal ne sont que des pensées, des concepts, nés de malentendus et d'illusions.

Tu n'es pas ce que tu imagines être. Tu es la Totalité, tu es l'existence omniprésente, et pourtant tu voudrais te connaître toi-même. Qu'est-ce qui pourrait t'aider à te reconnaître toi-même ? Tu aimerais te vivre comme quelque chose d'inédit, mais ce que tu es vraiment est éternellement la même chose. Tu te cherches en dehors de toi-même, et tu espères trouver là un sens. Cela paraît assez insensé, non ? Reste détendue et vois que cette clarté élimine l'illusion d'être un corps en dehors de la Totalité. Tu cherches un bonheur absolu et durable. Or il ne se trouve pas dans les objets mais dans l'absolu. De réaliser cela, c'est sensé.

Ses mots m'avaient ramenée à la maison. Ma tête était vide et mon cœur plein.

Ses mots sont puissance

Il y eut maints voyages à Munich et en Suisse après cette première rencontre. Petit à petit l'anxiété de me retrouver parmi tous ces inconnus, de même mes sentiments de solitude et d'inadéquation se sont transformés, tout est devenu plus naturel et des amitiés se sont nouées, un lien profond s'est établi. Les rencontres représentent néanmoins à chaque fois un grand effort pour moi. Il me faut beaucoup d'attention pour rester vive et éveillée, et pour affronter les sentiments et les émotions qui surgissent. Il y a eu des maux de tête, des nausées, des accès de fatigue. Mais à chaque fois, j'ai été touchée par des paroles qui m'offraient clarté et vérité. Parfois, il me semblait étrange, cet homme assis face à nous, en train de nous parler et que souvent je ne comprenais pas. Une fois, je l'ai perçu sous la forme d'un vieillard qui nous parlait, avec tout son cœur et avec chaque fibre de son être, pour que nous puissions trouver l'amour et la clarté en nous-mêmes. Une autre fois, pendant les moments de silence partagés, toutes les limites de ma perception normale se sont estompées : seule est restée la sensation d'un puissant afflux d'énergie. Je me suis sentie comme un fruit pur et doux qui s'entrouvre.

Mais les moments d'euphorie qui se prolongeaient après nos rencontres pendant des jours, voire des semaines, se sont mis à s'estomper eux aussi. J'ai l'impression que toujours davantage de responsabilité m'incombe à moi-même. Ainsi une certaine sobriété et un silence se sont installés, mais aussi la profonde certitude d'être sur le bon chemin. Au fil du temps, mes tendances à l'abattement et avec elles toutes mes pensées sombres et négatives, se sont entièrement volatilisées.

Un enfant nous attend

Que s'est-il passé avec mon désir d'enfant, demeuré inaccompli si longtemps ? Sans raison physique apparente, mon mari et moi restions à deux. Pourtant, le rêve de voir se joindre à nous encore un petit être humain ne me laissait pas tranquille et j'ai écrit à Mario. À la rencontre suivante, il m'a appelé auprès de lui et m'a prise par la main. Mon cœur battait plus calmement, j'étais prête à tout entendre. Il m'a dit que notre enfant nous attendait déjà. Il se pouvait que ce soit un petit garçon, on n'avait pas à le chercher bien loin. C'était un enfant tout près de chez nous, il fallait aller le chercher et l'adopter. Il disait que c'était notre enfant, et qu'il ne fallait pas trop tarder. Heureusement, mon mari a été tout à fait d'accord de choisir cette manière de devenir parents. En allant voir les services administratifs compétents, nous avons rencontré des gens très aimables et bienveillants, prêts à nous aider à trouver notre enfant. Dix mois passèrent, des mois d'attente et d'épreuves, et puis, le premier jour des grandes vacances d'été, le moment était là : un appel du service de protection de la jeunesse nous conviait à l'hôpital des enfants. Et là, nous nous sommes retrouvés devant un tout petit être frêle et délicat : la voici, notre fille ! Nous avons pu prendre soin d'elle, faire sa connaissance et nous émerveiller de tout ce qui s'était passé. Notre fille est en bonne santé et en pleine forme, elle adore grimper aux arbres et jouer au foot, et non, pas de barrette dans les cheveux… Quelle bénédiction de voir ainsi se réaliser mon plus grand désir, quelle grâce !

Un jour, après une rencontre à Munich, je me suis rendu compte à quel point un sentiment de méfiance était encore vivace en moi – j'en ai été bouleversée. C'était comme si une vieille blessure se rouvrait, et je savais que la guérison ne pouvait venir que de l'intérieur. Puis j'ai eu l'occasion de participer à un darshan, curieuse de découvrir quel genre de rencontre cela pouvait bien être. Il y avait là une foule de gens assis silencieusement autour de Mario : l'un après l'autre, nous avons été invités à nous asseoir brièvement devant lui et à nous laisser toucher par son regard chaleureux. Quand je me suis retrouvée assise devant lui, le cœur battant, une confiance profonde est montée en moi envers cet homme qui est toujours là pour nous tous. Dès lors une confiance en soi et une attention immédiate se sont installées en moi, quelque chose de profond s'était passé.

Une aide venant de loin

Mais j'ai aussi connu des passages difficiles ces dernières années. Ma sœur a perdu la vue, à la suite d'une erreur médicale. Longtemps, on ne savait pas si elle allait survivre au choc allergique. Une fois de plus, j'ai pris le téléphone pour chercher aide et conseil auprès de lui. Il a pu me dire tout de suite qu'elle s'en remettrait, mais qu'elle serait obligée de changer sa vie de fond en comble. Ce coup du destin a tout changé. Ma sœur a vu s'épanouir une grande force en elle-même, et sous bien des aspects, sa vie est devenue bien plus claire et plus positive.

Pendant cette période difficile, elle s'est aussi mise en relation avec Mario, qui lui a apporté son aide et son soutien intérieurs. Le fait de savoir que pour toutes les questions profondes, je pouvais m'adresser à quelqu'un dont j'obtiendrais toujours un soutien et une réponse, me donne confiance et de l'assurance aussi : c'est de là que naît la force permettant une vision profonde.

Une nuit, pendant mon sommeil, il est arrivé quelque chose de grave ! Quelque chose était en train de prendre possession de moi, tentant de couper ce fil direct qui me reliait à moi-même. Ce n'était pas un rêve, je me souviens souvent de mes rêves, parfois même je peux leur faire prendre un tournant, ou délibérément m'en réveiller. Cette fois-ci, c'était tout autre chose. Au grand jamais je n'avais rencontré une telle noirceur qui voulait m'envelopper. Tout ce que j'étais encore capable de faire, c'était de penser à Mario et de l'appeler à l'aide. Cela a tout de suite fonctionné, j'ai réussi de nouveau à respirer librement et j'ai pu me réveiller. Quelle aventure, et quel accompagnant !

J'aurais tant aimé le voir et lui parler une fois en dehors des rencontres. Mais j'étais bien trop timide, j'avais presque peur de le rencontrer directement. Depuis ma petite enfance déjà, la peur de l'autorité me hantait, et il me fallait me délivrer d'elle aussi maintenant. Avec quelques amis qui participaient également à ce travail, nous avions demandé si nous pouvions venir le voir un jour chez lui, en Suisse. À notre grande joie, il a dit oui. C'est ainsi que nous avons passé deux journées merveilleuses en Suisse. C'était le printemps, nous nous sommes promenés sous les arbres, nous nous sommes assis dans des cafés. Nous avons été invités à dîner dans un beau restaurant. À table, un oignon glacé a trouvé le chemin de son assiette dans la mienne, comme cela peut être le cas entre amis. Nous l'avons écouté pendant des heures, nous lui avons posé des questions, et je me suis plongée profondément dans ses yeux. Il portait une chemise brodée, dont un bouton n'était pas boutonné correctement. C'était un homme tout normal avec un penchant pour le chocolat et le bon rire. Il y avait là un amour et une amitié qu'il ne faut pas conquérir de haute lutte – il est toujours là, l'immense amour de cet homme.

Des prières exaucées

Gilda Stefanelli, Italie

Souvent j'avais prié dans l'espoir de rencontrer un être au cœur de lumière et d'amour, un être qui puisse me guider hors de ma douleur intérieure, de ma désespérance et clarifier ma vie spirituelle. C'est incroyable, mes prières ont été exaucées et tout ce que j'avais souhaité et espéré s'est accompli. Les forces du destin m'ont conduite chez Mario Mantese, cet être qui est l'incarnation même de l'amour, de la beauté, de la générosité et de la clarté. À travers lui se révèlent, dans une magnificence inouïe, des forces divines, des flux de grâce qui éveillent, guérissent et transforment l'être humain.

Un jour, une amie m'a appelée pour me dire qu'elle avait quelque chose pour moi, qu'elle souhaitait me remettre personnellement. Elle a évoqué une feuille d'inscription à un séminaire, elle m'expliquerait les détails plus tard. Lorsque nous nous sommes rencontrées, c'était une très belle journée d'automne. Les feuilles des arbres nous enchantaient avec leurs myriades de couleurs et une lumière claire illuminait le paysage. Une lumière qu'on ne voit qu'en automne et qui fait que tout nous paraît très proche. Un ciel sans nuages, d'un bleu profond, formait un contraste parfait avec ce chatoiement vivant. Nous nous sommes installées dans un petit restaurant et mon amie a déposé devant moi, sur la table, les deux feuilles d'information destinées à cette rencontre dont elle m'avait brièvement parlé. Je les ai laissées devant moi, je voulais d'abord les découvrir à ma manière et écouter ensuite ma voix intérieure. Au moment même où je les ai prises dans la main, une force puissante m'a touchée. J'ai senti mon cœur s'ouvrir et une grande lumière affluer aussitôt en moi. Immédiatement, j'ai su que c'était là ce que j'attendais depuis si longtemps. Sans hésiter, je me suis inscrite à la rencontre.

Et tout à coup nous y étions. J'étais assise là et je l'ai vu devant moi, de mes propres yeux. Mon cœur brûlait et jubilait, mes prières avaient été exaucées. Mon cœur s'est ouvert comme une fleur au soleil, j'écoutais attentivement ses paroles profondes. Puis une question est montée en moi : j'ai dû surmonter ma timidité pour la poser en présence de tout le monde. À cette époque, je souffrais de problèmes de santé et j'espérais de l'aide.

Question : J'ai entendu qu'en ta présence beaucoup de gens ont été guéris de leurs souffrances et leurs maladies graves. Tout le monde peut-il être guéri ?
MM : **Je ne suis rien ni personne. Je ne sais pas ce que tu entends par ta question de savoir si tout le monde peut être guéri. Les choses arrivent parce qu'elles arrivent et non pas parce qu'il y aurait là quelqu'un qui fait quelque chose. Il te faut bien comprendre ce qu'est la présence dont tu parles car, à coup sûr, elle n'a rien à voir avec un individu ou une personnalité. La présence est la Totalité. Beaucoup de personnes viennent à ces rencontres avec des attentes et d'innombrables idées toutes faites. On voudrait quelque chose de moi mais comment pourrais-je donner ou prendre quelque chose puisque je n'existe pas comme tu te l'imagines ? Parce que je suis absent, je suis présent.**

La guérison est sanctification mais la sanctification

n'a rien à voir avec la maladie ni la santé. Maladie et santé sont en rapport avec le corps, mais que se passe-t-il lorsque tu comprends soudain que tu n'as jamais été le corps et que tu n'apparais en tant que telle seulement de manière éphémère sur le plan relatif de l'état de veille ? Dans le sommeil profond, il n'existe ni corps, ni maladie, ni monde et pourtant tu es présente : toi, la conscience pure.

Les possibilités d'expression, qui projettent les mondes de la veille et des rêves, se trouvent à l'état de repos pendant le sommeil. Tu es l'essence, la pure conscience dans laquelle le monde apparaît et disparaît. À jamais intouchée par les mouvements et les projections dans l'esprit, tu es la plénitude universelle et la présence rayonnante.

Le corps est soumis à la chaleur, au froid et à d'autres influences encore. Parfois le corps est faible, parfois fort, parfois malade et fragile, puis de nouveau en bonne santé. Il se compose de billions de cellules qui se transforment sans répit. Sans cesse des cellules meurent et sont remplacées par de nouvelles. Cette immense activité se fait sans que tu en sois consciente. Lorsque tu te couches dans ton lit le soir et que tu te réveilles le lendemain matin, ce corps n'est plus celui que tu avais la veille. Lorsque tu dis « je suis le corps », parles-tu de celui d'hier, de celui d'aujourd'hui ou de demain ? Qu'entends-tu par « je suis malade » ?

Les gens viennent à ces rencontres pour atteindre la clarté en eux-mêmes et vivre la lumière de la présence impersonnelle. Ce faisant, ils se *découvrent* eux-mêmes. Cette découverte est sanctification et à travers elle la guérison se fait, aussi sur le plan corporel.

Vois-tu, le monde n'est pas à l'extérieur, les impressions ne peuvent pas avoir leur source à l'extérieur, car le monde ne peut être reconnu que par une conscience. Réalise

ce que tu es vraiment, alors tu seras vraiment en bonne santé.

Ses mots m'ont pénétrée comme des rayons de lumière, ouvrant en moi un espace plein de clarté et de sérénité. Toute la journée j'ai ressenti une paix immense, mes peurs et mes incertitudes se sont évaporées. À la fin de la journée, j'étais très émue, submergée par la force de lumière. Je voyais cet être exceptionnel devant moi et j'étais profondément impressionnée par son extraordinaire simplicité. Il se tenait près de la porte et prenait congé de chacun de nous. Il nous a serré la main, une poignée de main pleine de magie, d'amour et de force de guérison. Il a tendu et donné cette main tranquille pleine de bienfaits et de capacités universelles à chacun d'entre nous, et nous avons tous compris son geste.

Bien que j'aie toujours été une personne positive et que je me sois efforcée de faire de mon mieux en toute chose, ce chemin de lumière avec lui a fait apparaître toujours plus clairement aussi toutes mes confusions et mes incohérences. Beaucoup de vieux problèmes non résolus, des douleurs refoulées, des déceptions et des angoisses sont remontés en moi mais, maintenant, j'avais la force de les regarder en face et de les traverser. Peu à peu ils se sont dissous dans cette lumière d'amour qui rayonne de lui dans une magnificence ineffable. Cela s'est fait avec toujours plus de clarté d'un séminaire à l'autre. J'ai senti que j'étais insérée dans cette énergie silencieuse et sacrée, c'est elle qui faisait s'accomplir ce travail libérateur. J'ai enfin vu les choses telles qu'elles sont et non pas comme je me les représentais ou comme j'avais été conditionnée à les voir.

Lors du premier séminaire intensif auquel j'ai pris part, j'ai eu une impression encore plus forte de son être illimité. Soudain j'ai entendu une voix puissante et claire résonner au tréfonds de moi et qui me disait : « Nous t'emmenons dans la lumière éternelle. » J'ai été profondément bouleversée par ces paroles parce qu'elles étaient chargées d'une force d'amour inexprimable, d'une énergie qui a entièrement imprégné chacune de mes cellules. C'était une voix qui m'accueillait dans la lumière et dans l'amour, une voix toute de clarté et de fermeté. C'est cette force-là qui m'a enveloppée toute la journée. Chaque mot qu'il prononce est chargé d'une force divine immense, est l'expression d'une logique profonde, d'une transparence subtile et d'une intelligence incommensurable, chacun de ses mots nous ouvre de nouvelles perspectives universelles. Petit à petit nous prenons conscience de ce que nous sommes réellement et de ce que véritablement nous n'avons jamais été. Cela m'emplit d'une immense reconnaissance. Sur ce chemin de lumière et d'amour avec lui, mon sentiment de profonde solitude s'est peu à peu dissous avec le temps. Petit à petit, je réalise consciemment que je m'éveille dans l'infini, où je respire et où je suis.

Je suis étonnée de voir comment, dans cette lumière aimante que je ressens si fort dans mon cœur, je surmonte et dépasse avec toujours plus de clarté et de facilité les moments difficiles et sombres dans ma vie. Je prends conscience sans cesse davantage de ce que je suis vraiment. Je vois briller toujours plus fort en moi l'éclat éternel de mon essence. Je suis profondément étonnée qu'un tel éclat, une telle magnificence et grâce se révèlent pour nous. Il y a bien des années j'avais étudié la *Bible* et un verset de l'Évangile de Jean m'est toujours resté en mémoire : « En vérité, en vérité, je te le dis, si un homme ne naît d'eau et d'Esprit, il ne peut entrer dans le royaume de Dieu. Ce qui est né de la chair est chair, et ce qui est né de l'Esprit est Esprit. Ne t'étonne pas que je t'aie dit : Il faut que vous naissiez de nouveau. Le vent souffle où il veut, et tu en entends le bruit ; mais tu ne sais d'où il vient, ni où il va. Il en est ainsi de tout homme qui est né de l'Esprit. » C'est exactement ce « naître de nouveau » que je vis dans les Cercles intérieurs de ce travail spirituel.

Dans ce contexte, je me souviens très bien lorsqu'il nous a dit une fois que celui qui surmonte et dépasse vraiment tout, réalise ce qui est écrit dans la *Bible* : « J'ai vu un ciel nouveau et une terre nouvelle, car le premier ciel et la première terre s'en étaient allés. »

Cet être dont émane une telle lumière, un tel amour et une telle bonté est véritablement un être universel. De l'avoir rencontré signifie pour moi marcher sur le chemin qui conduit de l'ombre vers le soleil, un soleil qui réchauffe le cœur, qui illumine, qui guérit et donne de la force. Un soleil qui efface les souffrances, les malentendus et les concepts figés et qui révèle une conscience pure, éclatante et intouchée. Cette lumière m'aide à être plus claire, plus modeste et plus aimante, elle me fait apercevoir une réalité objective, ce que je suis vraiment. C'est ainsi que je découvre la véritable et infinie beauté de la vie et l'anoblissement de mon cœur. Les théories et les demi-vérités disparaissent et font place à ce flux, à cet espace illimité, à cette immense clarté et cet immense amour – cet espace où il n'y a ni moi ni toi, seulement l'amour pour tout ce qui est.

Mario Mantese est tel un soleil. Son éclat, sa bonté, son amour et son rayonnement extraordinaire traversent toutes les murailles, tous les océans, toutes les étoiles et les systèmes solaires, ils pénètrent tout, du plus grand au plus petit. Son amour est la lumière du monde, il est l'éclat de l'univers. À travers lui je vois que cette unité éternelle, une et indivisible existe réellement. Chaque brin d'herbe, chaque rire, chaque mouvement en témoignent. De le rencontrer signifie rencontrer la grâce, la grâce par laquelle les vrais miracles arrivent.

Personne n'est né, personne ne meurt

Marlou Klein, Allemagne

L'homme qui avait été mon mari pendant presque vingt-cinq ans, était mort. J'avais organisé les obsèques, j'avais réglé ses affaires et mis de l'ordre dans celles qui concernaient mon avenir. Pour la première fois de ma vie, j'avais beaucoup de temps libre mais ce temps n'était qu'un seul océan de deuil et de solitude. Pour échapper au vide de mon cœur, je me suis mise à voyager. Mais aucune de ces nombreuses destinations de rêve, aussi exotiques soient-elles, ne m'a donné l'impression d'arriver vraiment quelque part, aucune ne m'a apporté de consolation. Puis, lasse de tant voyager, j'ai espéré trouver enfin la paix en Inde. C'est là que j'ai entendu parler la première fois de Mario. J'avais abouti dans un ashram où je m'ennuyais ferme. L'exaltation et les émotions des gens qui m'entouraient m'étaient étrangères. Au contraire, une bande magnétique semblait tourner en boucle dans ma tête, et j'entendais une voix répéter en moi : « Que fais-tu ici ? Toi, je ne t'ai pas appelée ! » Ces mots, je les ai presque ressentis comme une insulte.

Vraiment, les voies du Seigneur sont insondables ! Lorsque je songe comment j'ai été mise sur la piste lumineuse de Mario Mantese, je n'en reviens pas tant est étonnante et magnifique la précision avec laquelle cela s'est passé. C'était comme si des destinées longuement préparées, une prédestination, m'avaient conduite – conduite à nouveau peut-être – jusqu'à lui. Toutefois, la rencontre avec lui a été tout sauf un atterrissage en douceur, vraiment !

Une femme dont j'avais fait la connaissance pendant mon voyage, m'a fait lire une longue interview avec lui, que j'ai lue et relue à plusieurs reprises, captivée par la profondeur et la force de ses paroles. J'avais déjà vu Mario passer à la télévision et ce qu'il disait au sujet de « la vie après la mort » m'avait frappée. Et voici que cette interview m'apprenait à présent qu'il donnait également des séminaires. Oui, c'était la mort qui occupait fortement mon esprit. Mon mari était mort, mais des signes étranges faisaient penser qu'il n'était pas vraiment parti. Beaucoup de ceux qui l'avaient connu continuaient de sentir sa présence. Je me disais que peut-être, dans ma tristesse, je m'imaginais qu'il continuait à vivre encore sur un autre plan, mais je trouvais très étrange que d'autres puissent eux aussi ressentir sa présence. « Où sont nos morts ? Qu'est-ce que la mort, au fond ? » Ces questions ne cessaient de me tarauder, mais je ne trouvais pas de réponse concrète. Et me voici lisant cette interview dans laquelle Mario affirmait : « Il n'y a pas de mort ! » Cela me paraissait d'autant plus étrange que je venais justement d'être très durement confrontée à la mort. Quoi qu'il en soit, plus je lisais ses mots, plus je sentais en moi une sorte d'aspiration mystérieuse. La trace lumineuse que j'allais dorénavant suivre était là – sauf que je n'en avais pas encore pris conscience, recluse dans mes pensées embrumées de chagrin.

Lors de la première rencontre à laquelle j'ai participé sans savoir vraiment quel être était assis là sur le podium face à nous, je n'avais qu'une pensée en tête : « Tirons-nous d'ici ! » En effet, dès qu'il s'est mis à parler, j'ai senti une telle pression dans l'épigastre et la région du cœur que j'ai failli me trouver mal. Ce n'était pas le son de sa voix, ni son élocution encore malhabile qui rendait son parler difficile à comprendre, c'étaient ces puissantes vagues de force qui émanaient de lui ! Elles me plaquaient contre le dossier de mon siège, elles me fermaient les paupières, elles m'empêchaient de penser et d'agir. Pourtant, au bout d'un moment, je me suis retrouvée dans une paix douce et profonde. Mon être était entré dans le Grand Silence. La certitude était là : cette immense force sacrée n'avait pas besoin de mots.

Trop près du feu

C'est la veille que je l'avais rencontré la première fois, au moment de descendre du train avec mon amie Gisela. Il était accompagné de sa femme. Gisela s'est chargée des présentations : il m'a regardée au fond des yeux et en même temps à travers moi et au-dessus de moi. Le temps d'un battement de cils et un souffle d'éternité a passé. La nuit suivante – nous étions logés dans le même hôtel que lui – j'ai fait en rêve l'expérience de son voyage dans l'au-delà. Et lorsque j'ai lu plus tard son livre *J'ai vécu ma mort*, j'ai constaté avec effarement que j'en connaissais déjà l'essentiel. Dans mon rêve, je savais pertinemment qu'il s'agissait de son expérience de mort à lui mais le lendemain matin, je me suis réveillée totalement épuisée par toutes ces souffrances. Au petit-déjeuner, il était assis à la table voisine : j'en ai profité pour me plaindre de cette aventure. Il en a ri et trouvait cela tout à fait en ordre. Puis il a ajouté : « Les gens qui s'approchent trop vite du grand feu sans prendre garde font parfois des expériences surprenantes. Qui s'approche trop près du feu est incommodé par la chaleur, et qui s'en éloigne trop a froid. »

Sur le chemin du retour, après la rencontre, à dix heures environ, j'ai ressenti un léger coup au niveau de l'estomac. Tiens, me suis-je dit, c'est Mario qui travaille. Ce phénomène s'est répété durant plusieurs mois, toujours à la même heure. Très longtemps pourtant, je n'ai pas vraiment saisi de quoi il était question concrètement durant les rencontres. Mais j'étais sûre et certaine que désormais tout allait être différent. Petit à petit, les choses ont commencé à bouger doucement en moi et, partant, dans mon quotidien. Ma façon d'aborder la vie et mes conditions de vie ont été guidées dans une direction claire et lumineuse.

Tel sang, telle conscience

Sa présence puissante et la force d'amour tout englobante qu'il incarne se révèlent aussi dans des leçons très concrètes, hors des sentiers battus. Je me souviens d'une situation alors que j'étais assise avec des amis à la table du petit-déjeuner dans un café. Je venais de mordre dans un petit pain au boudin, une spécialité allemande, lorsqu'une forte secousse a traversé mon corps tout entier et qu'une voix sonore a tempêté en moi : « Qu'est-ce que tu fais là ? Et du boudin, c'est le comble ! Qu'est-ce que je t'ai dit ? L'état du sang, c'est l'état de la vie ! » La bouchée que j'avais entre les dents a atterri en vol plané sur la table. Je n'ai eu que le temps d'empoigner ma serviette et de simuler élégamment une quinte de toux pour fournir une explication à mes amis qui me regardaient avec des yeux tout ronds. À partir de ce jour-là, je n'ai plus jamais mangé de viande.

De telles leçons « à chaud » se sont répétées, parfois aussi sous forme de rêves éveillés, non pas abstraits mais au contraire toujours très concrets et accessibles. Lorsque ces « événements-enseignements » se produisaient, j'étais à chaque fois profondément fascinée et je commençais déjà à m'imaginer que j'étais quelqu'un de particulier. Mais un coup de téléphone avec lui m'a fait remettre les pieds sur terre. Il a simplement expliqué que la façon d'être originelle s'exprimait parfois sur le plan impersonnel de cette manière-là et qu'il ne fallait pas attacher trop d'importance à ce genre d'expériences. Une expérience est un événement momentané qui ne devrait pas se transformer en souvenir. Sur ce plan des entretiens, il demeure toujours à distance, jamais il ne se laisse entraîner dans des discussions ou ne fournit des explications concrètes. Il dit l'essentiel, c'est tout. Plus tard seulement j'ai reconnu que ces expériences-là ne sont pas destinées à la personnalité mais à sa dissolution. Le langage imagé par lequel il nous transmet son enseignement à ce niveau est souvent aussi très sérieux et empreint d'une beauté et d'une dignité grandioses.

LES APPARITIONS DU CORPS DE LUMIÈRE

Lors d'une rencontre, alors que nous venions tous d'entrer dans le silence, une sorte d'écran géant est soudain apparu devant mon œil intérieur. Dans un grondement puissant, le cosmos s'est mis à se contracter puis à se concentrer en un seul point. Une image a surgi de ce point : c'était celle de Mario, c'était son visage au milieu d'un soleil rayonnant. L'image était vivante. En même temps, une odeur de brûlé est montée en moi. « C'est bizarre », ai-je pensé, « c'est tout simplement impossible, cette odeur vient à coup sûr de la climatisation. » C'est alors que j'ai entendu très distinctement sa voix forte en moi : « Ne doute pas ! » J'ai pensé : « Mon Dieu, c'est à moi qu'il s'adresse ! » - « Oui, c'est à toi que je m'adresse », a-t-il ajouté. On s'imaginera aisément combien cette expérience m'a ébranlée et je suis restée longtemps sous le coup. Après la rencontre, j'ai eu la chance de pouvoir lui poser une question.

Question : Dans les rencontres, je perçois clairement que tout est Un. Mais dès que je retourne dans mon quotidien, je perds cette conscience, c'est comme si elle m'échappait, et les soucis au travail, les conflits et le stress reprennent le dessus.

Pourquoi est-ce que je n'arrive pas à rester dans cette attention éveillée ?
MM : **Aucun être humain n'existe indépendamment des autres, l'univers lui-même tout entier n'est qu'une apparition dans la conscience. Le monde que tu perçois au travers de tes sens se transforme inlassablement, il change à chaque instant, jamais il n'est le même. Les corps apparaissent puis disparaissent, chaque instant est nouveau. Pourtant cela ne veut pas dire que ce monde n'existe pas, il existe, bien entendu, mais seulement sous forme d'apparition dans la conscience et sous forme d'apparition globale comme un reflet du non-manifesté, inconnu. Vois et reconnais qui tu es ! Le discernement n'abolit pas la conscience relative mais la dissout dans la Totalité. Tu t'identifies au monde que tu perçois sur le plan subjectif et tu es convaincue que tout ce que tu perçois par tes sens est vrai et que cela existe réellement. Ces perceptions pourtant ne sont rien d'autre que des apparitions fugitives dans un rêve et c'est en elles que tu recherches la stabilité et la sécurité. Le rêveur rêve d'avoir et de perdre, d'être et de ne pas être. Or le sujet aussi bien que l'objet, le rêveur aussi bien que son rêve sont des manifestations de l'essence. Retourne en toi-même, dans ce qui est ton état originel. Retrouve ce que tu étais avant d'être un corps et avant que le monde que tu imagines n'ait pris forme. Dans la perspective de la réalité absolue, tu n'es ni le corps ni le monde, ni la conscience dans laquelle toutes ces images rassemblées se réfléchissent. Tu es plénitude de Dieu !**
Si tu reconnais cela, la vie de tous les jours sera une vie de chaque jour, et toi, tu seras heureuse et contente – cela que tu as toujours été !

Il avait prononcé ces mots avec une force gigantesque

et, instantanément, tout s'est clarifié. Une fois de plus, j'ai pu prendre la mesure de son extraordinaire profondeur. Dans les temps qui ont suivi, Mario m'est apparu plusieurs fois sous des formes et des manifestations d'énergie les plus diverses. Une fois il m'est apparu comme un très jeune lama tibétain, une autre fois il était revêtu d'un habit d'apparat avec le bonnet typique des prêtres tibétains. Malgré sa grande jeunesse, il paraissait assumer une grande responsabilité à l'égard des autres. Des fleurs d'or entouraient ces apparitions et même l'air autour de lui brillait d'un éclat doré et vivant. Son regard semblait me dire « Tu ne me reconnais pas ? »

Bien des mois plus tard, en visitant un musée d'ethnographie, je me suis trouvée face à une statue en bronze qui portait les traits de ce jeune lama. Dans ces visions, je ne cessais de le percevoir de façon différente : une fois le teint de son visage était sombre, presque bleuâtre, une autre fois encore il rayonnait d'un éclat d'or. Une fois il était enveloppé d'un manteau de lumière violet, et la fois suivante d'une lumière blanche, transparente.

Guérie par une main invisible

Il y a quelques années j'ai souffert d'un cancer du sein et ma vie dans le corps semblait sérieusement compromise. Il a fallu suivre des thérapies douloureuses et dangereuses. Sa présence physique et les questions que je ne cessais de lui poser intérieurement et aussi au téléphone, son accompagnement sans relâche et son amour m'ont aidée à surmonter ces temps extrêmement difficiles. Puis, lorsqu'il s'est avéré que la tumeur n'avait pas été enlevée entièrement, il s'est passé une chose merveilleuse. Une nuit, je me suis de nouveau retrouvée dans cet état éveillé étrange alors que je savais que mon corps dormait. L'intérieur de mon corps est soudain devenu lumineux et ample et j'ai vu les cellules malades nageant dans mon sang.

En même temps, j'ai observé une main invisible et lumineuse repêcher toutes ces cellules puis opérer et extraire les tissus cancérigènes. Depuis lors, cette infinie confiance et sécurité m'accompagnent et demeurent en moi. Quoi qu'il arrive, je sais : IL EST LÀ !

La porte du cœur

Anja Giesen, Allemagne

Je n'avais pas vraiment prêté attention lorsque mon amie avait tenté de m'enthousiasmer pour le travail spirituel de Mario Mantese. Ses explications me paraissaient plutôt vagues et peu concrètes, rien ne m'incitait a priori à participer aux rencontres proposées.

Puis, à cette même époque, j'ai rencontré un homme qui m'a impressionnée et profondément touchée. Nous avons mené de belles discussions animées et passionnantes. Il m'a parlé de son chemin spirituel et j'ai dressé l'oreille car plein de choses que j'avais attendues depuis si longtemps se sont mises à résonner en moi. Tout à coup, à mon grand étonnement, il a évoqué un nom : Mario Mantese ! Il a ajouté que c'était là un être auprès de qui je pourrais voir et vivre tout ce qu'un profond travail spirituel induisait. Rien que pour cette raison déjà, j'étais prête à me rendre à cette rencontre et, en plus, il y avait la coïncidence frappante de ces deux invitations qui m'arrivaient quasi en même temps de directions tout à fait différentes.

Maintenant je sais combien cela a été important pour moi d'apprendre à le connaître. Ma vie a subi un profond changement au travers de cette rencontre et mon manque d'intérêt au départ pour la proposition de mon amie me fait bien rire aujourd'hui. Quelque chose en moi avait sans doute subodoré que si je me lançais dans ce travail avec lui, c'en serait fini de toutes ces illusions si confortables et de tous ces faux prétextes. Et c'est exactement ce qui est arrivé. On ne peut plus se mentir à soi-même, on ne peut plus s'illusionner sur soi-même. Je suis infiniment reconnaissante de cette ouverture inouïe qui s'est offerte ainsi à moi. Au début j'avais été très déconcertée et il y avait une bonne raison à cela. Mario ne correspond en rien à ces images dont on a l'habitude et que l'on voudrait voir confirmées encore et toujours. Il ne nous offre pas de tiroir où le ranger et le classer. Donc où mettre cet homme ? Après avoir commencé à entrevoir tout lentement la véritable dimension de son travail spirituel, je l'ai placé, pleine de vénération, sur un piédestal — bien en vue mais évidemment insaisissable. Je ne me doutais pas alors combien il peut nous être proche si on l'accueille, et à quel point cette proximité nous touche et enclenche des processus puissants. Des miracles qui jusque-là n'avaient été pour moi que de la théorie sont subitement devenus réalité. J'y reviendrai plus loin, car le chemin jusque-là allait s'avérer bien long encore.

Lors de la première rencontre à Munich, j'avais été sidérée par la force qu'il rayonnait. Pourtant il m'aurait été impossible de dire et d'expliquer pourquoi et par quoi j'avais été touchée et stimulée à ce point, les mots me manquaient tout simplement. Une pure intuition m'avait fait reconnaître que je trouverais là une évidence, une certitude indicible, et aussi les vraies réponses à mes questions. Bien qu'à cette époque je ne comprenne pas grand-chose au contenu, certaines phrases m'ont marquée et je les ai gardées. Dans leur simplicité, elles m'offraient déjà suffisamment matière à me confronter à moi-même : ma vision rigide du monde s'est mise à vaciller.

Il avait dit : « Sois très attentive à ce que tu penses et à ce que tu dis car chaque pensée a son effet et chaque effet est un fait manifesté qui ne peut plus être ramené à sa cause. C'est pourquoi sois attentive et aimante. N'oublie jamais, tu es toi-même le créateur et aussi la création de ton existence ! »

Davantage que ses mots, ce sont son rayonnement et sa clarté qui m'ont impressionnée. J'ai appris à assumer l'entière responsabilité de ma vie dans ses hauts et ses bas, ce qui n'a pas été aisé au départ. Il n'y a personne sur qui rejeter les fautes, personne à détester ou à accuser. Plus je devenais claire et plus mon regard sur le monde a changé : je l'ai vu avec des yeux neufs et lui aussi m'a regardée avec des yeux neufs. La clarté appelle la sérénité et dans son sillage apparaît une responsabilité personnelle nouvelle. C'est ainsi qu'il m'a été possible de mettre un terme à une vilaine querelle entre ma mère et moi, qui durait depuis des années. C'était là un des premiers grands résultats concrets issus du travail avec Mario. Pas à pas, il m'a accompagné de sa calme bienveillance. Un tel amour universel dans cette dimension illimitée était insaisissable pour moi à cette époque, c'était tout simplement trop beau pour être vrai !

Ensuite je suis tombée dans une crise profonde. J'ai été assaillie par des doutes, peut-être parce qu'il m'était tout bonnement impossible d'articuler ce que je vivais et ce dont je faisais l'expérience dans les rencontres pour l'expliquer à des personnes extérieures. Je me demandais : « Mais que fais-tu donc ici, où veux-tu aller ? » Les doutes sont devenus de plus en plus forts jusqu'à ce que j'abandonne finalement ce travail spirituel avec lui. Les tristes événements et les méprises vécues pendant les deux années qui ont suivi n'ont été finalement que la confirmation de mon véritable chemin spirituel. Mon contact intérieur avec lui ne s'était heureusement jamais rompu, cela je le dois à mes amis. C'est pourquoi, au bout de toutes ces expériences qu'il m'a fallu encore faire et traverser, j'ai pu me décider entièrement et du fond du cœur pour le travail avec lui.

À la première rencontre à laquelle j'ai de nouveau participé, il m'a accueillie : « Ah, de retour, sois la bienvenue ! ». Mon excursion dans mes vieux embrouillaminis avait été douloureuse mais elle m'avait définitivement désillusionnée et réveillée. J'ai commencé alors à comprendre que c'est exactement là que son travail s'amorce : au travers de la logique et de l'intuition, se sortir des vieux mécanismes dans lesquels on s'est enlisé.

Une porte intérieure s'ouvre

Apprendre à connaître Mario Mantese, c'est véritablement apprendre à aimer, même si l'on ne croit pas à l'amour – cela prendra simplement un peu plus de temps. Il applique parfois des méthodes très peu usuelles pour montrer le chemin intérieur de l'amour à des récalcitrants particulièrement coriaces comme moi. Depuis longtemps déjà, j'étais concernée par le thème de l'ouverture du cœur et j'y travaillais depuis quelques mois de manière plus approfondie. Je savais, au travers de notre travail spirituel, qu'il ne faut pas confondre les réactions émotionnelles avec l'amour. Mais qu'en était-il exactement de ce chemin du cœur dont il parlait si souvent ? Comme mes relations malheureuses et l'inlassable recherche aboutissaient toujours au même point, je me suis résolue un jour à lui demander conseil.

Question : Je me sens si fermée et si prisonnière de mes émotions et de ces mêmes pensées qui se répètent sans cesse. Que puis-je faire pour enfin sortir de là ?
MM : **Il te faut ouvrir ton cœur.**
Q : Oui, mais comment ? Je m'y efforce depuis tant d'années déjà.
MM : **Ouvrir le cœur ne signifie pas que tu doives faire quelque chose pour obtenir quelque chose. Tu n'as pas besoin de te faire opérer à cœur ouvert. Ce cœur non physique**

dont je parle est l'Unité, la Totalité. Lorsque je parle de la Totalité, je parle de ce que tu es vraiment : l'état originel, intouché, pur. Le soleil n'est jamais touché par les ombres, ces phénomènes qu'il crée puis fait disparaître. Le cœur spirituel n'est jamais touché par ton insatisfaction, tes doutes, tes peurs ni ton agitation. Que veut dire alors 'ouvrir le cœur' ? Ces états obsessionnels pareils à des ombres qui te tourmentent depuis si longtemps déjà sont nés uniquement de tes propres malentendus et se sont incrustés dans ton cerveau. Ils te font croire qu'ils existent réellement alors qu'ils ne sont rien d'autre que des ombres creuses. Que se passe-t-il lorsque la lumière pénètre une ombre, ou lorsque la clarté perce à jour le manque de clarté ? Ils se dissolvent instantanément.

Ces états que tu vis ne sont que des effets, mais alors qui les crée ? L'objet est connu mais le sujet, qu'est-ce que c'est ? Le sujet peut voir l'objet mais l'objet peut-il voir le sujet ? En d'autres termes, tu connais ton corps mais ton corps te connaît-il, toi qui habites ce corps et qui dis « Je suis ce corps, ce corps est le mien » ? Est-ce le corps qui est malheureux ou est-ce toi ? Le corps ne peut pas parler, il n'est que l'instrument au travers duquel tu t'exprimes. C'est pourquoi cela ne peut pas être le corps qui dit « Je suis le corps ». Ce que tu es véritablement n'est pas un objet.

Regarde au tréfonds de toi-même, reconnais qu'il n'y a pas de corps en soi, ils ne sont que les reflets phénoménaux, des images conceptuelles dans la conscience raisonnée, aussi imaginaires que celles d'un rêve. Sur le plan relatif, tu es un être sensible et tu aimerais faire quelque chose pour résoudre tes problèmes et ceux des autres. Mais est-il possible pour un être sensible, qui n'est lui-même qu'une apparence, de faire quelque chose de réel ? Si tu re-

connais que ce que tu vis et ce que tu penses être ne sont que des pensées et des représentations, qui donc es-tu vraiment ? (avec un rire) Il ne reste donc pas grand-chose, n'est-ce pas ? Tu n'es pas rien, tu es la plénitude parfaite ! Jésus a exprimé cela dans la parole « Moi et le Père sommes un ». L'ouverture du cœur, cela signifie voir clairement ce que l'on n'est pas.
Réfléchis profondément à ces mots, saisis-les intuitivement. Lors du prochain séminaire à Munich, après le darshan, j'ouvrirai une porte intérieure en toi et alors tout changera.

C'est ce qu'il m'a assuré.

Et puis cette journée mémorable est arrivée. Le samedi, pendant le darshan, une énergie particulière, intense régnait dans la salle. Mario rayonnait d'amour, il dégageait une impression de grande légèreté et paraissait presque transparent. Jamais encore je ne l'avais vécu avec une telle force, jamais il ne m'avait touchée aussi profondément. Nous nous sommes retrouvés après le darshan et il a dit : « Le temps est maintenant venu d'ouvrir la porte ! »

Il a esquissé quelques mouvements circulaires avec son index devant moi, puis il a ajouté : « C'est tout, désormais tout sera différent ». À ce moment-là, je ne pouvais pas m'imaginer les changements puissants que son rapide mouvement de la main allait provoquer dans ma vie. Tout ce qu'il m'avait annoncé s'est produit en un très court laps de temps avec une force prodigieuse. Au deuxième jour du séminaire, il a parlé avec insistance d'amour et de bonté, c'est alors que le barrage s'est définitivement rompu au-dedans de moi. Mon cœur s'est embrasé, une insouciance d'enfant s'est emparée de moi et j'ai été submergée par de puissants sentiments de bonheur. Jamais encore je n'avais connu cela, j'étais bouleversée et infiniment reconnaissante. Cette insouciance d'enfant, cette légèreté ne m'ont plus quittée depuis lors, même si au cours du processus de détachement une vieille tristesse remonte en moi de temps à autre encore. Entretemps je sais que ces sensations douloureuses vont finir par s'en aller d'elles-mêmes, elles ne cessent de s'amenuiser. Quel cadeau !

L'incroyable ouverture de la porte – un exemple parlant

Le jour suivant il m'a été donné de voir très concrètement dans quelle dimension suprasensible, inaccessible il vit et combien ses enseignements sortent des sentiers battus. Quelques-uns d'entre nous étaient restés à Munich et nous étions invités chez des amis pour le thé. Mario est venu en voiture avec moi et il plaisantait sur les portes ouvertes et les portes fermées. Nous avons parlé de l'amour et de la chance que c'est de vivre une vie claire et simple dans l'amour et la bonté. Je lui ai parlé des expériences profondes vécues pendant le séminaire et je lui ai demandé comment faire pour ne pas perdre ce sentiment si précieux, comment faire pour que cette porte, qu'il avait ouverte pour moi, ne se referme pas ? Il a simplement souri.

Entretemps nous étions arrivés près de la maison où l'on nous attendait. J'ai garé la voiture et nous sommes descendus. Comme d'habitude j'ai voulu fermer les portières avec la commande à distance. On a entendu le « clic » habituel de la fermeture, et l'instant d'après un « clac » et toutes les portières étaient de nouveau ouvertes. Oh, ai-je pensé, j'ai pressé trop longtemps sur le bouton et j'ai refermé la voiture mais, à ma grande surprise, les portières se sont immédiatement rouvertes. Le tout s'est répété cinq ou six fois : c'était à n'y rien comprendre ! J'ai eu l'impression que le système électronique était défectueux. À bout de patience, j'ai refait une dernière tentative mais les portières se sont encore rouvertes. Mario attendait de l'autre côté de la voiture, sur le trottoir. Lorsque je l'ai regardé, j'ai vu son sourire malicieux et il a dit : « Je vais m'éloigner un peu, peut-être que cela va fonctionner. » Quel farceur ! Encore une tentative infructueuse, après quoi il a ajouté : « O.K., cette fois-ci cela va marcher. »

Effectivement, j'ai refermé les portes une nouvelle fois et elles sont restées fermées. Ma stupéfaction devait se lire sur mon visage car il s'est mis à rire de bon cœur et moi aussi je suis partie d'un grand éclat de rire. Une fois calmée, je me suis rendu compte qu'il venait de me donner là un enseignement profond. Bien sûr qu'il n'avait pas voulu me faire la démonstration de ses facultés suprasensibles, non, c'était la réponse tangible à ma question de savoir comment garder ouverte la porte de mon cœur qui venait de s'entrouvrir timidement. J'avais si peur de ne pas pouvoir la garder ouverte. Or maintenant je savais au plus profond de moi qu'il m'aiderait toujours et qu'il m'accompagnerait avec sa force et son amour infinis. J'avais déjà entendu parler de ses facultés suprasensibles mais lorsqu'on vit cela concrètement, on se rend compte que quelque chose de profond se met à sourdre et à couler en soi. Subitement tout ce qui paraît impossible devient possible !

Après ces journées à Munich, j'avais l'impression d'être comme un petit enfant qui n'arrive pas à tenir dans ses bras tous les cadeaux qu'il vient de recevoir. Avant tout, j'ai maintenant une confiance inébranlable en lui. J'entends ses paroles : « N'aie pas peur de toi, tout ira bien ! » À travers lui, j'ai retrouvé le chemin de mon cœur dont j'étais pourtant très éloignée il y a quelques années encore. Très vite j'avais été consciente des possibilités de développement que l'enseignement de ce maître m'offrirait et de la chance qui m'était offerte mais jamais je ne me serais imaginé que l'expérience d'un amour très profond viendrait s'y greffer – bien sûr que non, comment aurais-je pu le savoir, car l'amour n'existait pas sous cette forme dans ma vision du monde. Après mille détours je suis arrivée maintenant dans ce lieu intérieur où tout s'ouvre et se met à fleurir.

Les yeux de l'amour

Eva-Maria Stelljes-Lhotksy, Autriche

Revenir à la normalité, juste être normale — telle a été ma devise dès après ma première rencontre avec Mario Mantese. Avant d'évoquer mes émotions, mes réflexions et mes échanges avec lui, je vais remonter un peu dans le temps et raconter comment j'ai fait sa connaissance. Cela s'est passé en 1994. La chaîne allemande ZDF venait de nous charger, mon mari Georg et moi, du tournage d'un film sur le thème de « La peur de mourir », ou plutôt « Ne pas avoir peur de la mort » : c'est ce message-là qu'il s'agissait de transmettre au public. Finalement nous avons retenu le titre « Reisefieber – ein Film vom Leben und vom Sterben » (La fièvre du départ – un film sur la vie et la mort).

Les téléspectateurs qui n'avaient lu que le titre principal s'attendaient à voir un documentaire de voyage : c'était vrai aussi, à cela près que les interviews documentées portaient sur des voyages intérieurs. Diffusé par la ZDF, notre film - dont Mario Mantese était à la fois le sommet et l'aboutissement - a atteint un public d'un million de personnes.

Voici comment notre collaboration cinématographique avait débuté : Georg avait lu le premier livre *Vision des Todes* (*J'ai vécu ma mort*) de Mario Mantese. Un coup de téléphone a suffi : Mario connaissait notre série télévisée « Heilen und Schamanismus » (Guérison et chamanisme) et il a été immédiatement d'accord de participer à notre projet. Cela m'a fait très plaisir car, à cette époque, j'étais toujours un peu inquiète lorsqu'il s'agissait d'entrer en contact avec quelqu'un pour la première fois. Nous sommes donc allés en Suisse pour le rencontrer en personne et mener un entretien préliminaire pour le film. Son charisme et sa force m'ont chamboulée : j'avais aussi quelque peine à le comprendre, ce qu'il a remarqué sur-le-champ. Il s'est empressé de détendre l'atmosphère en plaisantant sur lui-même et son handicap physique, disant qu'il comprenait sans peine que j'avais de la peine à le comprendre et que la plupart du temps il ne se comprenait pas lui-même non plus. Et aussi qu'à table il mangeait comme « un petit cochon » à cause de son handicap mais que, ma foi, il s'en était accommodé. Qu'aujourd'hui, c'était comme ça mais, qui sait, peut-être que cela allait changer au fil du temps. Je m'en souviens très bien encore. Son style direct, peu orthodoxe m'avait tout de suite plu. Pourtant cette première rencontre est restée un peu en surface chez moi. Mais les choses ont changé du tout au tout lorsque le tournage a commencé quelques semaines plus tard, dans le Jardin japonais de Munich.

Silence, on tourne : il s'est mis à raconter son histoire, sa carrière de musicien, l'agression au couteau, son réveil : aveugle, muet, paralysé – puis il a ajouté ces mots qui m'ont secouée : « J'ai tout perdu – et par là j'ai tout reçu. » J'étais comme électrisée : qu'avait-il donc reçu ? Qu'est-ce que c'était, ça ? Il venait de nous dire cela avec une telle joie et sur un ton presque facétieux. Chez moi, la nostalgie de « ça » venait d'être ravivée, c'était comme un souffle qui aurait ranimé des braises couvant sous la cendre. Les expériences que nous avions faites avec notre série « Heilen und Schamanismus » (Guérison et chamanisme) m'avaient mise sur la piste mais je m'étais laissé dévorer par le quotidien, les soucis financiers, la course après les films, notre travail : il venait de m'offrir là une impulsion vigoureuse. Le travail dans la salle de montage a ceci de bon que l'on entend et réentend les textes et c'est ainsi que les paroles de Mario se sont profondément ancrées dans mon cœur. Puis nous avons participé à notre premier séminaire à Munich. Je ne me souviens plus guère de ce dont il avait parlé. Tout comme aujourd'hui d'ailleurs. Il se répète aussi mais à chaque fois c'est comme si ce que j'entendais était nouveau, différent. Dès le départ aussi, il ne m'importait aucunement de faire montre de ma capacité d'attention ni d'analyser rationnellement ses paroles ou de les classifier.

Des images me reviennent en mémoire lorsque je pense à ce premier séminaire et aussi aux suivants – je ne sais même plus combien il y en a eu entre-temps. Il utilise volontiers des images. Celle du bloc de glace qui fond tout doucement au soleil est restée très vivace : elle m'aide à chaque fois que je me mets sous pression à cause d'un travail à réaliser. Et puis, elle explicite parfaitement le travail qu'il accomplit avec nous. Son handicap physique revêt une signification particulière pour moi depuis 1996, lorsque mon mari bien-aimé Georg a été victime d'une attaque cérébrale. Mario est pour moi une consolation vivante car je vois à travers lui que le corps peut être guéri. Le thème « Tout perdu – tout gagné » nous est bien plus familier aujourd'hui. C'est durant ce temps que j'ai perdu mes peurs et que j'ai acquis un calme intérieur, et même si ce calme m'abandonne de temps à autre, j'ai appris à connaître sa saveur et je peux m'en souvenir au vrai sens du terme. C'est le cadeau que j'ai reçu de lui, qui restera toujours.

Un geste de guérison profonde

L'énorme force de son amour, je la ressens particulièrement durant les darshans. Darshan signifie « bénédiction » et l'intensité de cette bénédiction est telle qu'il est impossible de la décrire. Il faut en faire l'expérience soi-même pour comprendre. Les uns après les autres, les participants se présentent devant lui. Parfois il passe rapidement ses mains sur le corps d'une personne mais sans la toucher. D'autres recevront un petit coup sur la tête ou les épaules, ou alors il plonge son regard dans leurs yeux jusqu'au tréfonds de l'âme où il dissoudra de vieilles strates qui se dissiperont tout aussitôt grâce à sa gigantesque force d'amour. À d'autres encore, il soufflera quelque chose à l'oreille. C'est ainsi qu'il m'a dit une fois : « La douceur, c'est la porte du ciel ! ». Je sais seulement que cela m'avait touchée au plus profond et que j'avais rougi jusqu'aux oreilles de honte. Effectivement, à cette époque, je faisais souvent montre de comportements agressifs et durs, en particulier envers mon mari. Comme Georg ne se laissait pas impressionner, tout le paquet d'émotions négatives me revenait comme un boomerang et je restais triste et épuisée. La phrase qu'il m'avait dite m'a guérie séance tenante. Et ce n'était pas tout : il avait encore levé rapidement la main en la dirigeant vers mon corps. J'ai ressenti immédiatement une énorme poussée d'énergie. Là encore, c'est une expérience impossible à décrire avec des mots. Des ondes de force, de cette force qui ennoblit, m'ont parcourue et submergée. Ces ondes guérissantes, clarifiantes et porteuses d'une paix profonde ont réorganisé mon être tout entier. Lors du dernier darshan, Mario a pris le bras figé, paralysé de mon mari et l'a levé à la verticale. Les larmes aux yeux, Georg ne cessait de répéter, éperdu de bonheur : « C'est tout simplement de la folie ! » Mario l'a corrigé avec douceur : « Non, pas de la folie, de l'amour ! »

Oui, c'est cela qu'il rayonne. Un amour qui sait aussi être intransigeant lorsque l'ego voudrait se montrer particulièrement intelligent et que l'on pose une question stupide après l'autre. Je me suis habituée à ne plus poser de questions inutiles et je m'efforce, en sa présence, d'écouter au-dedans de moi et de rester attentive à ce qui s'y passe. Ce « j'ai tout reçu » qu'il nous avait expliqué il y a des années, je sais maintenant qu'il est présent en moi. Je n'ai pas besoin de « faire » quelque chose pour l'obtenir, cela « est » tout simplement. Je le sens et je sais que ce que je sens est juste. Il peut aussi être peu commode car il pulvérise à la vitesse de l'éclair tous les concepts qu'on a emmagasinés dans son cerveau. Il n'y a plus rien à quoi s'accrocher, toutes les questions qu'on se pose sur la vie et la mort sont réduites à néant. Lors de la première rencontre, je lui avais posé cette question :

Question : Qu'y aura-t-il après la mort ?
MM : **Comment sais-tu que tu vas mourir ? Es-tu sûre que tu es née ? Peux-tu le prouver ?**
Q : Oui, bien sûr !
MM : **Le peux-tu vraiment ? As-tu assisté à ta naissance ? Avais-tu conscience, au moment de naître, que tu étais en train de naître : voilà, je suis née, voici ma mère et là-bas, celui qui me sourit d'un sourire béat, c'est mon père – est-ce que c'était comme ça ?**
Q : Non, mais j'ai vu des photos qui montrent le nourrisson que j'étais.
MM : **D'où sais-tu que c'est toi, le nourrisson sur la photo ? Tu le crois parce qu'on te l'a dit. Ce que je veux dire par là, c'est ceci : quelqu'un t'a dit que tu étais née et que par conséquent tu allais mourir un jour. Le fait est que toi-même, tu ne peux connaître et prouver ni ta naissance ni ta mort. Ce sont des événements où tu n'es pas présente toi-même. Donc ne te fais pas d'idées sur la vie et la mort et sur ce qui vient après la mort. Ce ne sont que des pensées, des mouvements dans ton cerveau, créés par des malentendus, des conditionnements et un manque de clarté, qui engendrent inévitablement un flot d'angoisses et de spéculations. La vie, la mort et ce qui vient après la mort ne sont pas des**

faits qui se passent réellement, ce sont des représentations purement subjectives. Ce sont tes représentations à toi, de ce que tu crois être et de ce que tu penses qui arrivera plus tard. Sur la base de tes propres images et de leur interprétation, tu te définis toi-même comme quelque chose qui s'en vient et qui s'en va, comme quelque chose qui vit et qui meurt.

As-tu vu la vie ? Par vie, je n'entends pas les représentations que tu te fais de la vie, je parle de la vie qui anime tous les êtres humains, animaux et plantes. Découvre ce que tu es vraiment ! La vie et la mort, l'ici et l'au-delà ne sont que des noms pour l'ego. Libère-toi ici et maintenant de tous ces malentendus et de ces peurs malsaines car toi, être humain véritable, tu es Un en Dieu. Peux-tu te représenter un temps où tu n'étais pas ? Le corps et le monde ne sont que des projections mentales mais toi, tu es réellement ! La Totalité est sans naissance, réalise cela au plus profond de toi et toutes tes peurs et tous tes soucis seront effacés.

Depuis lors je suis convaincue qu'il sait qu'il est quelque chose d'immortel et d'éternel – je ne peux pas l'exprimer autrement. Cette expérience totale, cette connaissance issue d'un vécu personnel, c'est ce qui me touche chez lui et c'est ce qu'il touche en moi. Je suis convaincue aussi qu'il travaille sur des plans énergétiques dont je n'ai pas la moindre idée – d'ailleurs il n'en parle pas, parfois seulement on en voit transparaître quelque chose. Lui-même l'appelle l' « immense force universelle ». Je m'y sens insérée et je lui suis reconnaissante de tout ce qu'il fait pour moi et de ce qu'il est. Je sais et je sens à chaque respiration que je suis reliée à son amour illimité.

Une photo de lui est sur ma table, elle m'accompagne dans mes journées de travail. Quand je sens que le stress va prendre le dessus, je lui fais simplement un clin d'œil – et l'instant redevient normal ou, plutôt, c'est moi qui redeviens normale.

Le jeu du destin

Norma Scheuring, Argentine

C'est au bout du monde que je suis née, en Patagonie argentine, dans cette immense province qui ressemble à la queue d'un gigantesque dragon prêt à s'enfoncer à chaque instant dans les profondeurs marines. Les rares habitants qui s'y accrochent vivent une existence solitaire dans ce désert inhospitalier au climat rude. De ce côté de la planète, le vent ne connaît aucun répit, il souffle et souffle, balayant tout ce qu'il trouve sur son chemin : nuages, pluie, buissons desséchés, sable et finalement aussi les pensées des gens. Les jours de grand vent, les gens sont secs et vides, à l'image des lézards qui règnent ici en été. On a le sentiment de se dessécher, à l'intérieur comme à l'extérieur. Peut-être est-ce cette sécheresse qui fait que les gens se mettent à ressembler à des déserts – qui sait ? Dans les maisons, le vent intarissable fait pousser des petits tas de sable, dans les coins, sur les meubles, derrière les portes, une provocation perpétuelle pour les gens courageux qui ont décidé de vivre dans ces contrées. Mon grand-père avait l'habitude de dire : « Dans cette partie du monde, les portes de l'enfer sont restées ouvertes. » Mais il disait aussi que la sage nature voulait du bien à la Patagonie et à ses habitants parce que le ciel et la terre s'y rencontrent. Les nuits avant tout y sont d'une intensité surnaturelle. L'atmosphère est d'une transparence cristalline, le firmament bleu-noir avec des milliards d'étoiles qu'on croit pouvoir toucher de la main.

C'est là, dans ces petits villages et hameaux de cette province, loin de toute civilisation, que j'ai passé mon enfance. En 1959, quand j'avais sept ans, j'ai vécu une expérience que je mets en relation aujourd'hui avec mon développement spirituel. C'était un beau jour d'été, ma mère avait reçu une lettre de mon grand-père. Je l'ai écoutée très attentivement lorsqu'elle a lu et commenté cette lettre et j'ai été impressionnée en entendant que mon grand-père avait pleuré en l'écrivant. Ses larmes avaient trempé le papier et dissous l'encre, c'est pourquoi il y avait des passages illisibles. Cette après-midi-là, pendant la sieste - qui est une sorte d'institution nationale et une torture pour les enfants -, je me suis sauvée. C'est devenu une habitude ensuite. Notre maison se trouvait au pied d'une colline rocheuse d'où l'on avait une vue ample et magnifique sur les environs. Un escalier de pierre montait à côté de la maison, bordé d'arbres de chaque côté et ombragé par de grands rosiers en buissons qui en cachaient aussi l'accès. Je suis restée assise là, dans cet endroit privilégié, et je regardais le village au loin. Il m'a semblé que je le voyais pour la première fois, ses maisons basses, ses arbres verts, le ciel bleu sans nuages et, au bout du village, le désert. Ce jour-là, il m'a semblé percevoir la force du soleil avec davantage d'intensité. J'ai accordé une attention particulière à tout ce qu'il touchait, c'était comme un jeu magique entre les différentes nuances de lumière et d'ombre. J'ai profondément goûté l'état dans lequel je me trouvais et tout à coup j'ai revu en pensées la lettre de mon grand-père. Une idée étrange m'a traversé l'esprit, comme un éclair : « Ma mère pense qu'elle a reçu une lettre de son père et qu'elle l'a lue, mais tout cela n'est arrivé que dans un rêve qu'elle rêve. Moi aussi, je crois à ce rêve et je crois que j'ai une mère, un père, un grand-père et un frère. Je crois qu'il y a un village là en bas avec des gens qui font leur sieste, qu'il y a des arbres verts, des animaux, des couleurs et un ciel d'un bleu si profond. Mais tout cela n'a de réalité que dans mon rêve ! Si je me réveillais, tout serait différent. Ce que je vis est un cauchemar mais je dois le vivre. » À ce moment précis de ma méditation, je me suis dit : « Maintenant, je veux me réveiller. » J'ai fermé les yeux très fort mais lorsque je les ai rouverts, j'étais toujours au même endroit. Pendant que j'écoutais mon dialogue intérieur, la voix de mon âme est arrivée jusqu'à moi, avec ce message : on ne se réveille pas quand on le veut mais au moment juste.

Je me suis calmée. Comme dans un jeu, je me suis replongée dans cet état de demi-sommeil car je sentais que j'avais besoin de ma mère, de mon père, de mon chat et de mes amis et de tout ce qu'il y avait autour de moi. Je me disais : « Un jour, quand je serai grande, je me réveillerai ! » À partir de ce jour-là, j'ai attendu impatiemment l'heure de la sieste. Lorsque tout le monde dormait, je m'asseyais sur l'escalier de pierre et tout se répétait. Chaque jour de nouveaux éléments venaient s'ajouter à ce monde de rêves. La fascination du jeu atteignait ses limites lorsque je pensais à ce qu'il y avait derrière ce rêve. Cet été a vite passé. Puis, l'incessante ronde des mois et des années m'a fait longtemps oublier cette expérience. Je ne me suis plus jamais assise sur l'escalier de pierre parce que cet été-là a marqué aussi la fin d'une période importante de mon enfance. Durant mon adolescence, des souvenirs tamisés de ce monde perdu de l'enfance ont refait surface de temps à autre. Entre dix-neuf et vingt ans est apparu le désir de comprendre le sens de la vie et du monde. Ce désir ne m'a plus jamais quittée. J'étais persuadée que quelque part dans ce monde il y avait des gens qui connaissaient la vérité. Sur un plan intellectuel pourtant, je n'arrivais pas à comprendre à quelle vérité je me référais en fait. L'Argentine est catholique et le catholicisme représente le pilier spirituel du pays. J'ai été élevée à l'ombre de cette église et j'ai passé ma jeunesse dans un internat dirigé par des religieuses. Toutes ces théories sur Dieu et le diable ont façonné mes « vérités », confirmées par ma famille. Si la vérité était aussi peu originale que celle préconisée par l'église, alors le sens de ma vie m'échappait. L'idée de demeurer éternellement dans un ciel ou aux enfers me paraissait ennuyeuse au possible. Je désirais savoir quelles étaient les forces qui dirigent le destin des êtres humains, ce qui se trouve derrière les choses visibles et ce qui échappe à notre quotidien. C'étaient les réponses à ces questions-là que je voulais et qui donneraient enfin sens à ma vie, faute de quoi elle ne m'intéressait plus. Au moment où j'ai pris conscience de cela, j'ai décidé de quitter l'Argentine. Je savais que si je restais, je m'étiolerais comme une plante sans eau et que je mourrais. La décision de quitter l'Argentine a été toute soudaine mais j'ignorais encore quand elle prendrait forme. Je me suis concentrée joyeuse et confiante sur l'instant présent, sachant que l'avenir m'apporterait tout ce dont j'aurais besoin.

Départ pour un monde différent

Je venais de retrouver une amie dans le café d'une petite ville, c'était fin 1974. Pendant que nous parlions, mon regard s'est porté sur une revue qui était restée sur la table. En la feuilletant, je suis tombée sur des images de la Suisse et de ses habitants et je me souviens d'avoir dit à mon amie : « J'aimerais bien visiter ce pays. » C'est ainsi que le destin a organisé ma vie car quelques mois plus tard j'ai fait la connaissance de Markus, un Suisse, mon futur mari. Nous avons voyagé tous les deux à travers l'Amérique du Sud, puis nous sommes retournés en Argentine. C'est là que nous avons décidé de partir ensemble pour la Suisse. Quatre mois après notre arrivée à Zurich, nous nous sommes mariés.

Puis au bout d'un certain temps, après m'être habituée

à mon nouvel environnement, j'ai vu resurgir mes questions existentielles. Je ressentais le besoin de « trouver » quelque chose, mais trouver quoi ? Je ne le savais pas encore. Comme je ne décelais nulle part un signe qui m'aurait indiqué mon chemin, il me fallait donc m'en remettre à mon intuition. J'étais certaine que je recevrais ce dont j'avais besoin. Mon premier pas a consisté à poser des questions et personne, à cette époque, n'échappait à mes questionnements. Mais invariablement je me retrouvais les mains vides, je commençais à désespérer. En fin de compte, les Suisses n'en savaient guère plus que les Argentins.

Peut-être m'étais-je fait trop d'illusions. Ou peut-être les questions étaient-elles mal posées, peut-être n'étaient-elles nées que de mon imagination. Heureusement ma certitude intérieure ne me quittait pas et j'ai décidé de ne pas battre en retraite aussi vite. J'avais lu dans un livre : « Quand l'élève est prêt, le maître apparaît. » Cette petite lueur d'espoir me faisait tenir. Les semaines puis les mois ont passé, mon désir a commencé à s'effriter. Puis des signes se sont mis à apparaître. D'abord dans mes rêves, puis dans mon quotidien. En rentrant du travail un jour, j'ai eu une vision qui a transformé ma vie de fond en comble. Ce jour-là exactement et à ce moment précis, j'ai senti qu'une phase nouvelle de ma vie commençait, une phase de transformation et de préparation. J'ai perçu intuitivement que mon premier pas consisterait à renoncer aux cigarettes, à l'alcool et à la viande. Le soir même, j'ai raconté à mon mari ce qui s'était passé, en lui expliquant la décision que je venais de prendre. Il ne s'est pas laissé impressionner. Je crois qu'il a pris ma décision simplement comme une de mes nouvelles marottes. Or cette marotte ne m'a pas passé. Je ne suis jamais revenue sur ma décision.

Puis il a fallu attendre. Je savais d'expérience que tout vient à point pour qui sait attendre mais j'étais quand même nerveuse et inquiète. Je croyais que quelque chose de merveilleux m'attendait, quelque chose que je n'avais encore jamais vécu. Six mois plus tard le premier événement important s'est produit. Il m'a profondément marquée et préparée au travail avec Mario Mantese. J'ai appelé ce premier événement important « la rencontre avec ma mère spirituelle ». Lorsque je l'ai vue, je l'ai reconnue sur-le-champ. Je ne sais pas pourquoi mais j'ai su immédiatement qui elle était. D'emblée je me suis sentie acceptée et j'ai reçu d'elle quantité d'informations précieuses. J'ai commencé à comprendre pourquoi nous sommes ici, sur cette planète. La vie a pris son sens. C'était à cette époque que je me suis promenée un jour en forêt avec ma meilleure amie de Colombie et qu'elle m'a parlé d'un livre fort intéressant consacré à un homme ayant atteint un « état » parfait, qui avait surmonté la mort et qui, même s'il était dans ce monde, n'était plus de ce monde. Lorsque j'ai eu ensuite l'occasion de lire ce livre, je me suis demandé : « Un tel être se promène-t-il dans les rues d'une ville, va-t-il au cinéma, au restaurant ? Ou ce genre d'êtres n'existent-ils que dans les romans ou les couvents de l'Himalaya ? » La réponse de mon amie m'a profondément surprise lorsqu'elle m'a dit : « Oui, bien sûr, ces personnes existent, on peut même faire leur connaissance. J'en connais même une personnellement. » À ce moment-là, j'ai eu une réaction d'incrédulité, de doute : avais-je bien compris ? Je ne pouvais pas croire ce que mon amie me disait là. Cela me paraissait tout simplement impossible que l'on connaisse un être tel que décrit dans ce livre.

Je suis restée un bon moment sans voix mais lorsque j'ai retrouvé la parole, une multitude de questions ont jailli. Mon amie a répondu patiemment, en promettant de me donner un numéro de téléphone pour que je puisse l'appeler moi-même. Le seul problème, a-t-elle ajouté, c'est qu'il est en Inde pour quelque temps. Quelle déception ! Le destin me faisait une fois de plus un pied de nez dès qu'une chose importante se précisait. Il fallait que j'apprenne à dompter mon caractère impatient.

Les mois passèrent puis, un beau jour, mon amie m'a fait la surprise : « Aujourd'hui tu vas pouvoir faire sa connaissance. Il est de retour de son voyage. » Elle m'a emmenée dans un parc : elle savait qu'il y faisait souvent des promenades. Effectivement, il était là ! J'ai vu un homme qui avait de la peine à marcher et à garder son équilibre mais il rayonnait une telle assurance et une paix si profonde qu'elles semblaient contredire son état physique.

Je me suis approchée et je lui ai dit spontanément : « Bonjour Mario, je suis une amie de Nati. » J'ai ressenti immédiatement un profond sentiment d'amitié dans mon cœur et j'ai su aussitôt que je me trouvais face à un être exceptionnel, un homme hors normes, différent de toutes les personnes que je connaissais. Mon amie me l'avait décrit avec beaucoup de pertinence mais je ressentais quelque chose de beaucoup plus fort encore. Et puis, toutes les questions que je voulais d'emblée lui poser m'ont paru soudain vaines. En sa présence des thèmes ont surgi, dont je n'avais encore jamais parlé à qui que ce soit. Cela ne lui posait aucun problème de les aborder. J'étais stupéfaite de voir avec quelle facilité déconcertante il résolvait tout ce qui me paraissait si compliqué et difficile. Avec sa vision ample et claire, il est allé droit au cœur de mes problèmes, aussi compliqués soient-ils. Lorsqu'il s'arrêtait de parler, le problème avait disparu. Déjà durant ces tout débuts, il m'a facilité le chemin, en ôtant les cailloux et les embûches qui me paraissaient inamovibles. Il m'a aidée à reconnaître clairement certains aspects de ma personnalité et à surmonter mes conflits intérieurs. Jamais il ne m'a donné l'impression ne serait-ce qu'une fraction de seconde, ni à cette époque ni aujourd'hui, qu'il était autrement, mieux ou plus intelligent que moi ou qui que ce soit d'autre. Les idées fixes que j'avais souvent, il les laissait telles quelles.

Ce n'est que plus tard que je me suis rendu compte que ma façon de voir avait changé d'elle-même. Un certain temps a passé avant que je ne me décide à lui poser des questions sur ses séminaires. En fait, j'étais très intéressée à y participer. Après m'avoir expliqué les contenus qui y seraient abordés et quel était son travail, il m'a fait suivre une invitation pour le prochain séminaire. Je crois que c'était la première fois de ma vie que le fait de devoir attendre ne m'a pas posé problème.

Un petit groupe de gens s'est retrouvé pour cette rencontre dans une salle à Zurich. Je ne connaissais personne à part Mario mais je me suis tout de suite sentie à l'aise. Vu de l'extérieur, il travaillait différemment à cette époque, si on compare à aujourd'hui. Il s'occupait de chacun de nous spontanément et personnellement, il guérissait nos vieilles blessures. C'est en tout cas la première impression que j'ai eue. Je m'étais rendue à ce séminaire dans un triste état, abattue, pleine de soucis, je traversais une des phases les plus difficiles de ma vie depuis que je me trouvais en Suisse. Jamais je n'oublierai ce que j'ai ressenti lors de cette première rencontre qui a été d'une intensité inouïe, difficile à expliquer.

Après la pause de midi, une participante a demandé à poser une question. Elle a commencé par expliquer qu'elle travaillait comme professeur de yoga, puis elle a décrit avec force détails ses formations et évoqué son gourou indien très connu. C'était comme si elle avait oublié sa question dans la foulée de son récit. Puis la question a enfin surgi. Il y a répondu d'une manière si inhabituelle que je n'oublierai jamais.

Question : Mon gourou indien dit que l'amour et le don de soi sont le chemin le plus rapide pour atteindre Dieu et la réalisa-

tion. Penses-tu cela aussi ?
MM : **Où se trouve l'Inde à présent ?**
Il avait articulé sa question brève et inattendue avec une telle force que le cerveau de la femme s'est retrouvé vide sur-le-champ et nous aussi, nous étions assis là, incapables de penser. Il semblait que des heures aient passé dans ce silence qui absorbait tout avant qu'elle ne s'éclaircisse la voix et lui réponde.
Q : Excuse-moi, je ne comprends pas ta question.
MM : **Tu as raconté que tu t'es rendue plusieurs fois en Inde mais maintenant tu es ici et je te demande où est l'Inde, maintenant, en ce moment précis ?**
Q : Très loin.
MM : **Tu n'écoutes pas ! Regarde en toi-même, je te demande où se trouve l'Inde maintenant en toi.**
Q : Dans mon souvenir.
MM : **L'Inde consiste donc pour toi uniquement en impressions sensorielles, en images et informations, est-ce exact ?**
Q : Oui, c'est cela.
MM : **Et lorsque tu te trouvais là-bas, l'Inde était-elle autre chose que des impressions sensorielles, des images et des informations ?**
Q : J'y étais physiquement.
MM : **Or que se passe-t-il si tout à coup tu découvres que tu n'as jamais été le corps, que celui-ci n'est qu'une apparition dans la conscience et que tes impressions sensorielles, tes images et informations ne sont que des représentations ? Où donc est l'Inde, où sont cet abandon de soi et cet amour que tu évoques ? Le monde ne dit pas : « Je suis le monde », c'est toi qui le dis. Si ce monde était réel, alors il devrait toujours être là, aussi dans ton sommeil, mais aucun monde n'existe là. La vie du monde se joue exclusivement dans ta conscience subjective.**
Ta réalité intérieure parfaite, au plus profond de toi - ce que

tu es - est sans forme, sans image, immuable. La conscience subjective et le monde des sens qu'elle projette est éphémère, limitée dans l'espace et le temps. Débarrasse-toi du poids de tes limitations et ta perfection se révélera !

Le visage de la femme s'était transformé. Elle était assise là, détendue et apaisée. Elle avait écouté attentivement et on voyait qu'elle avait été touchée intérieurement. Elle lui a demandé : « Puis-je revenir ? », et il a répondu : « Viens quand tu veux. »

Plus tard il s'est approché de moi en disant : « Tu n'es pas ce que tu crois. » Il m'a touchée légèrement et une énorme décharge électrique a traversé tout mon corps. J'ai senti à ce moment ma peau se détacher à la vitesse de l'éclair de l'estomac jusqu'au cou comme un vieux parchemin pour disparaître dans le néant. Je me suis penchée en avant, mon corps s'est tordu sous l'effet de cette expérience bouleversante. L'instant d'après j'étais assise là, pleurant comme un petit enfant. Cette « vieille » peau n'avait pas seulement emporté toutes mes peurs et ma tristesse mais aussi le poids et les peines de beaucoup de siècles. C'est ainsi que je l'ai ressenti. Lorsque la journée s'est terminée, je me sentais légère, heureuse et pleine de joie, comme jamais encore de ma vie.

L'énergie de ce premier séminaire m'a accompagnée des semaines durant. La phase difficile que je venais de traverser a disparu sans laisser de traces, comme un nuage d'orage qui se dissipe dans l'immensité du ciel. Chacun des séminaires qui ont suivi a été pour moi un cadeau précieux, un collier de perles de lumière enfilées sur le fil de l'éternité.

Mario est le maître de la dissolution. Il défait nos créations, notre destin, nos histoires. Il défait ce filet qui nous retient prisonniers dans le monde de la vie et de la mort. Une infinité de créations de l'esprit humain sont conservées là : les désirs les plus secrets des êtres humains, nos rêves, nos souffrances et nos joies restent pris dans ce filet. Pendant toutes ces années écoulées, j'ai traversé différentes crises. Lorsque j'étais assise devant lui, c'était comme si un miroir avec mille visages se mettait à bouger, chaque visage étant le reflet de l'un des aspects de ma propre personnalité limitée. Il faut reconnaître que cela n'a pas toujours été très agréable.

Les crises n'ont jamais duré bien longtemps et elles ont fini par céder la place à la clarté. J'ai commencé à comprendre la cause de ces processus et à les percer à jour aisément. Parfois une discussion avec lui me paraissait s'imposer – il a toujours été là au moment où j'avais besoin de lui. Et pas seulement pour moi, non, aussi pour les nombreuses personnes qui entre-temps sont venues participer à ses rencontres. Chaque fois que j'ai eu besoin d'aide, cette énergie spirituelle immense qu'il rayonne m'a submergée et enveloppée comme un manteau bien chaud. Durant ces années écoulées, j'ai vécu beaucoup de changements et de transformations au travers de ce travail spirituel avec lui, qui se sont toujours déroulés sur un plan de conscience qui n'a rien à voir avec la personnalité. Moi-même, je n'ai jamais perçu consciemment à quel moment un changement intervenait, soudain certaines peurs et des schémas figés avaient tout simplement disparu. La force contraignante qui nous poussait a perdu son énergie et, sans nous en rendre compte, notre comportement a changé, nous sommes devenus plus clairs, plus aimants et plus sensibles. Ma vie ne sera plus jamais comme avant. J'ai respiré la senteur de l'éternité.

Mario a clos le dernier séminaire du millénium sur ces mots : « Vis dans l'amour et la bonté, agis avec amour et bonté, sois amour et bonté ! » Pour moi, cela a été comme une révélation, une explosion dans ma poitrine. Il avait dit ces paroles avec une telle force que l'atmosphère dans la salle en a été transformée immédiatement. À sa façon très particulière, il nous avait tous embrassés intérieurement et offert, une fois de plus, un nouveau tournant dans nos vies. Je lui suis reconnaissante de sa patience, de son grand amour et de sa force qu'il partage si généreusement avec nous et je remercie la Vie qui m'a permis de le rencontrer.

DARSHAN-LA RENCONTRE AVEC LE MAÎTRE

Birgit Fels, Allemagne

Découvrir un continent après l'autre - c'était là la raison de mes nombreux voyages, j'étais à la recherche de mon « chez moi ». Lorsque j'ai pensé l'avoir découvert, ce petit coin de terre de l'autre côté de la planète, il m'a fallu déchanter rapidement et prendre conscience que ce n'était qu'une illusion. Autant dire que cela a été douloureux. J'avais parcouru des pays lointains, j'avais appris à connaître d'autres cultures, d'autres gens mais là j'ai clairement reconnu que le voyage véritable nous mène à l'intérieur, vers notre intérieur. L'impatience qui m'avait lancée sur les routes était en fait une nostalgie, une soif de spiritualité, le voyage de retour vers moi-même.

Avant de rencontrer Mario Mantese la première fois, j'avais entendu parler de lui par des amis. Un beau jour, c'était il y a sept ans environ, ils m'ont invitée à l'une de ses rencontres. Je ne savais pas qui j'allais rencontrer et encore moins ce qui m'attendait mais une force intérieure m'y poussait, je la sentais brûler en moi. Je voulais rencontrer cet être. Depuis longtemps déjà, j'étais à la recherche de quelque chose que je ne pouvais pas définir vraiment, à quoi je ne pouvais pas donner de nom. Au plus profond de moi, je devinais une chose insaisissable que ma raison ne réussissait pas à cerner. Lorsque j'ai rencontré Mario, j'ai su sans l'ombre d'une hésitation que mon voyage s'arrêtait là. Au travers de son travail et de son attitude sans compromis aucun, il m'a renvoyée à mes doutes et à mes ambiguïtés. Il me suffit de jeter un regard sur les années écoulées pour me rendre compte de l'immense travail qu'il accomplit en chacun de nous. Ce n'est que petit à petit que j'ai été à même de reconnaître la dimension inouïe dans laquelle nous entrons avec lui. Par moments, je pénètre dans des profondeurs d'être dont je ne soupçonnais même pas l'existence il y a quelques années encore.

Je me souviens d'une discussion menée avec lui lorsque je traversais une situation de vie difficile. J'étais en proie à des peurs profondes et tenaillée par des doutes quant à mon chemin spirituel. Ce jour-là, il avait été invité dans l'appartement d'un ami. La pièce où nous nous trouvions était bondée, beaucoup de personnes étaient venues pour le voir. Il était assis détendu sur un sofa, les jambes croisées, lorsque je lui ai posé ma question.

Question : Des peurs et des doutes me saisissent parfois et me troublent. Je me demande à chaque fois si j'ai dévié du chemin spirituel, si je l'ai peut-être mal compris ou même perdu.
Il est resté longtemps sans bouger, les yeux fermés, puis un doux sourire a illuminé son visage.
MM : **Comment vois-tu ce chemin spirituel que tu suis et d'où vient cette peur de le perdre ? Où se trouve ce chemin ?**
Q : C'est la dimension spirituelle dans ma vie, tu en parles dans tes rencontres.
MM : **Je ne suis pas sûr que tu m'aies vraiment écouté. Tu parles d'un chemin spirituel sur lequel tu te trouves et d'une peur de ne pas le comprendre ou de le perdre. Dis-moi, juste à ce moment, es-tu sans ton esprit ?**
Q : Qu'entends-tu par là ?

MM : **Lorsque tu dis que tu as peur parfois de perdre ce chemin spirituel, que penses-tu que tu perds : le chemin, l'esprit ou tous les deux ? Crois-tu qu'il y a quelque chose à gagner ou à perdre dans l'esprit ?**
Q : Je commence à entrevoir ce que tu veux me dire : on ne peut pas « gagner » l'esprit.
MM : **Alors où est donc le chemin sur lequel tu marches ? L'ego, qui lui-même n'est qu'un concept, pense qu'il marche, qu'il agit et qu'il atteint un but. L'ego est l'inventeur brillant de toutes ces méthodes et de ces chemins spirituels. Mais toi, tu n'es pas un chemin, tu es la réalité. D'où devrait-il venir, l'esprit, et où pourrait-il aller ? L'esprit ne connaît ni espace, ni temps, ni l'ici et maintenant, ni sujet, ni objet. Tous les chemins sont des représentations et des images de ton mental, tout aussi imaginaires que celles d'un rêve. Reconnais que la peur en tant que telle n'existe pas. Elle n'apparaît que dès le moment où tu as peur de quelque chose. Ce « quelque chose » n'a pas d'existence réelle, ce n'est rien qu'une ombre vide. Retourne intérieurement dans ce lieu où il n'y a pas de « quelque chose », où il n'y a que toi, sans peur et sans chemin spirituel. Reste détendue et reconnais-toi toi-même ! Il n'y a rien à perdre, rien à gagner, personne ne vient et personne ne part. Le lieu où tu es véritablement à la maison est toujours ici ! Où pourrais-tu aller dans la Totalité, puisque tu es la Totalité !**

Partout où Mario se trouve, partout où il parle, le temps et l'espace se défont. Dans cette incroyable intensité et profondeur, nous écoutons ses paroles clarificatrices et rédemptrices. Il est véritablement dans ce monde mais plus de ce monde.

Les journées précédant les rencontres ne sont souvent pas faciles à vivre, des peurs et des pensées hideuses montent parfois en moi, les ombres intérieures subissent l'assaut de la lumière qui émane de lui et qui les contraint de se démasquer puis de se dissoudre. Nous savons tous qu'avant la rencontre, il augmente le niveau vibratoire de manière conséquente pour nous y préparer. Là où il y a de la lumière, toutes les ombres sont obligées de s'effacer. Il me semble à chaque fois que ces ombres sont aspirées des profondeurs pour être clarifiées, puis passées au crible et effacées dans les rencontres.

C'est ainsi que cela s'est passé ce samedi après-midi-là. J'avais été invitée à participer à un darshan à la fin de l'après-midi précédant une rencontre à Munich. Lorsque je m'y suis rendue, j'étais mélancolique, pétrie de peurs et doutant de moi. J'étais assise là, triste et abattue, en compagnie de nombreuses autres personnes.

Puis la porte s'est ouverte – il est entré. Ce que j'ai vécu ensuite a été pour moi comme une révélation, quelque chose que je n'avais jamais encore vécu jusque-là. Sa présence, la lumière qu'il incarnait étaient à ce point intenses que je ne percevais que les contours de son corps, son visage paraissait complètement transparent et rayonnait une telle force, une telle pureté et une telle douceur que j'ai éclaté en larmes sur-le-champ. Jamais jusqu'alors sa présence ne m'avait touchée aussi fortement. Dans une profonde humilité, j'ai accepté de laisser arriver ce qui devait m'arriver à ce moment-là. La lumière intense qu'il irradiait était si puissante et si merveilleuse que j'avais le sentiment de fondre dans cette grâce. La lumière a pénétré chaque fibre, chaque cellule de mon être, jusque dans ses strates les plus profondes. J'étais imprégnée de cet amour universel et je ne faisais plus qu'un avec ce puissant rayonnement de lumière. Il n'y avait plus de séparation, seulement cet amour ineffable !

Les semaines qui ont suivi, j'ai été littéralement portée par cette gigantesque force de lumière. J'étais dans ce monde mais une part de moi semblait vivre dans une autre dimension, éternelle. Il m'est difficile de décrire cet état. Je prenais part au quotidien comme d'habitude mais il n'y avait plus aucune séparation entre l'intérieur et l'extérieur. Une entité tout englobante, illimitée m'avait révélé en un instant qui et quoi vivait cette vie « dans le monde ».

Guérir dans son sommeil

J'ai vécu une expérience radicale lorsque mon médecin a diagnostiqué une tumeur dans mon abdomen. Les jours suivants ont été un cauchemar. La peur pour mon corps et de l'avenir a suscité en moi une multitude d'images et de scénarios qui tournaient en boucle dans ma tête et que je ne pouvais plus arrêter. Je n'arrivais plus à me dégager des tentacules de mes peurs. Dans mon désarroi, j'ai décidé d'appeler Mario pour lui parler de ces angoisses et du diagnostic du médecin. La nuit suivante, alors que j'étais à moitié éveillée, il est entré en contact avec moi. J'ai perçu sa présence dans la pièce, même si je ne pouvais pas le voir ; je savais qu'il était là et cela m'a donné un sentiment de sécurité absolue. Je savais que tout irait bien maintenant. Toutes mes peurs m'ont abandonnée sur-le-champ, tout est devenu plus léger. L'examen suivant n'a plus révélé de tumeur et mon médecin a pensé qu'il y avait eu erreur lors du premier diagnostic. Je suis plutôt d'avis que j'ai été complétement guérie de mon mal cette nuit-là. De toute évidence, il m'avait fallu revivre ces grandes peurs une fois de plus pour reconnaître leur emprise avec plus d'acuité encore. J'ai pris profondément conscience à ce moment de la façon dont je créais ma propre irréalité à travers mes pensées.

Il est venu de l'invisible

Doris Hüffer-Schott, Allemagne

C'est sur la couverture d'un disque que j'ai vu la première fois Mario Mantese. Dominik, dont je venais de faire la connaissance à cette époque et qui allait devenir mon mari, m'a parlé de son maître spirituel en me montrant un disque de « Heatwave », le groupe dans lequel Mario jouait de la basse dans les années soixante-dix. C'est la première fois que j'entendais parler de lui et cela prendrait des mois encore jusqu'à ce que je le rencontre en personne. Pourtant je n'allais pas tarder à faire sa connaissance sur un tout autre plan, et de manière absolument surprenante. Voici ce qui s'est passé.

Les premiers temps de ma relation avec Dominik étaient fascinants et beaux mais ils ont constitué en même temps une épreuve difficile. Dominik ne pouvait pas dire clairement oui à notre relation. Il laissait tout ouvert, ne souhaitait pas s'engager davantage alors que mes sentiments pour lui étaient très clairs et forts. Puis un événement décisif s'est mis en travers de notre relation, qui a été douloureux pour moi, et nous nous sommes quittés. Pour me protéger d'une grosse déception, je me suis retirée, la tristesse au cœur.

Une semaine environ après cette séparation, j'ai passé une nuit étrange. Je dormais et pourtant j'avais l'impression d'être réveillée. Soudain, il m'a semblé qu'on m'appelait par mon nom, de très loin. Comme à travers un long tunnel j'ai vu

Mario qui communiquait avec moi, sans paroles, mais avec une clarté impressionnante, et qui m'encourageait, ou plutôt m'engageait à reprendre contact avec Dominik. Sa présence était incroyablement forte mais sans rien d'effrayant ; elle était familière et bienfaisante, et si convaincante que j'ai effectivement appelé Dominik dès le lendemain. Nous nous sommes revus le jour même et à partir de ce moment-là tous les obstacles ont été levés pour toujours.

Nous nous sommes souvent demandé par la suite ce qui serait advenu si je n'avais pas passé ce coup de téléphone. Lorsque j'en ai parlé à Mario bien des années plus tard, il m'a dit : « Oui, c'est exact, je suis entré en contact avec toi à cette époque parce que je savais que vous étiez faits l'un pour l'autre. Lorsque Dominik m'a parlé de toi tout au début de votre relation, j'ai immédiatement su que tu étais la femme de sa vie. Lorsque je vois cela aussi clairement, il suffit de libérer les intéressés de quelques forces égotiques, ensuite chacun va reconnaître l'autre – c'est exactement ce qui vous est arrivé. »

Dans les années qui ont suivi, il a été d'un grand soutien pour nous, avant tout pour mon mari qui ne cessait d'être rattrapé par de puissantes forces obscures du passé. Sans son aide bienveillante, il n'aurait sans doute pas résisté à cette pression.

J'ai rencontré Mario la première fois dans un restaurant indien où nous nous étions donné rendez-vous avec des amis pour partager un repas. Lorsque je l'ai vu, j'ai été touchée par son rayonnement chaleureux, bienveillant et surtout par l'incroyable bonté dans ses yeux. Durant toutes ces années pendant lesquelles j'ai participé aux rencontres et aux darshans, beaucoup de choses ont changé dans ma vie. Il me rappelle avec beaucoup d'amour et d'humour qu'il me faut rester vigilante et honnête envers moi-même, que je suis entièrement responsable de mon propre développement (même s'il aime à donner de solides coups de pouce).

Par une belle après-midi d'été alors que nous étions en promenade à six dans un parc de Munich, je lui ai posé une question.

Question : Hier, tu nous as dit que tout ce qui est perçu par nos sens est illusion. Qu'en est-il alors de la réalité de nos corps qui me paraissent pourtant si solides et denses ?
Nous avons poursuivi notre chemin en silence. Je me suis même demandé s'il avait entendu ma question. Puis, soudain, il s'est arrêté pour me répondre. J'avais l'impression que sa réponse émergeait de son tréfonds, de profondeurs illimitées.
MM : **Vois-tu ce grand arbre ? Quelle est la couleur de ses feuilles ?**
Q : Vert.
MM. **Ce processus d'objectivation et de désignation s'est fait dans ton cerveau, dans la conscience. C'est donc à cet endroit que doivent avoir eu lieu l'objectivation et la désignation. Le « Je », le sujet et l'objet perçu apparaissent simultanément dans la conscience et sont dépendants l'un de l'autre, ils se conditionnent l'un l'autre. Sans le sujet, la pensée émise par le « Je », il n'y aurait pas d'objet et sans objet il n'y a pas de sujet. Ainsi le sujet qui perçoit, tout comme l'objet perçu, ne sont que des reflets, des images et des figures chimériques dans la conscience. Ce sont des processus et des mouvements déclenchés au travers de l'objectivation et de la désignation. Pour être à même de voir ces images chimériques, il faut une instance intérieure qui soit entièrement détachée et au-delà de toutes ces images, sinon il serait impossible de les objectiver.**

Imagine que tu te trouves dans une pièce sans la moindre lumière. Tu constates qu'il y fait nuit noire mais il est absolument exclu que l'obscurité puisse se voir elle-

même. C'est une instance intérieure qui voit l'obscurité et qui dit qu'il fait nuit noire. Cette instance intérieure qui voit et qui parle ne peut pas être l'obscurité ni une illusion. L'écran de cinéma n'est pas touché par les images qui sont projetées sur lui. Les catastrophes qui s'enchaînent pendant le film ne l'endommagent pas. Pourquoi ? Parce que les images ne sont pas réelles, c'est l'écran qui est réel. Ce que tu es réellement, l'essence, la pure conscience, apparaît mais ne disparaît jamais. L'objectivation et la désignation engendrent un mouvement dans la conscience, le non-actif devient actif et, au travers de cette activité intérieure, le monde extérieur, le monde perçu, est projeté au travers des sens. Par le biais de ce processus, l'illusion est créée que l'on est un être individuel qui pense et agit indépendamment de la totalité et qui déclare que le monde ainsi perçu est « mien ».

Le corps et ses instruments des sens et le monde tout entier perçu et interprété à travers eux, ne sont rien d'autre que des apparitions qui vont et viennent dans la conscience. Le monde ainsi conçu est telle une vague sur l'océan. La masse de l'océan n'est influencée en rien par cette vague, tout comme la conscience où se reflète ton existence subjective, n'est influencée en rien par ce reflet. Reconnais que tu n'es ni « Je », ni « Tu », ni le monde, tu es pure conscience. En réalité il n'y a pas de différences, ni de distinctions. Il n'y a que toi !

Ces mots prononcés avec une force gigantesque ont soulevé en moi une sensation océanique, tout a semblé se dissoudre et j'ai reconnu ce que je suis vraiment.

Je ne suis pas le corps

Quelque temps plus tard, pédalant sur ma bicyclette,

puis, il y avait une autre raison encore au refus total d'un abandon de soi. En lisant *Autobiographie d'un Yogi* de Yogananda les larmes aux yeux, je ne souhaitais rien de plus que de rencontrer mon maître. Mais un tel maître me paraissait quelque chose de métaphysique que l'on ne trouvait – pour autant qu'on le trouve – que dans les lointains contreforts de l'Himalaya. Mais ici, et aujourd'hui ? Presque au coin de la rue ? Cela aurait été beaucoup trop simple et pas assez romantique. Je ne pouvais tout simplement pas m'imaginer rencontrer un tel être pour de vrai. De plus, cela aurait pu signifier la fin de cette quête passionnante de connaissance spirituelle. Comment aurais-je pu deviner alors qu'il allait m'être donné de vivre cette grâce exactement deux ans plus tard déjà ?

Un ami de longue date avait entendu parler d'un maître, revenu de l'au-delà, et qui travaillait maintenant comme une sorte de guérisseur. Quoi qu'il en soit, il allait y avoir une rencontre sous peu sur un alpage dans les montagnes suisses – à la condition que neuf personnes au moins venant d'Allemagne y participent. Étonnant : cette maigre information a suffi à titiller la curiosité de neuf personnes pour les décider à se rendre à cette rencontre, bien que personne parmi nous ne sache de quoi il allait être question. Nous étions tous en quête mais aucun de nous ne pouvait se douter que ces deux journées avec lui allaient transformer complètement nos vies.

Il faisait déjà sombre lorsque nous sommes arrivés dans la région du Napf. Il s'est avéré que personne en fait ne connaissait l'itinéraire exact. Lorsque nous avons quitté le dernier village avec une auberge et une rue éclairée en direction de la montagne, j'ai eu l'impression de faire erreur. La nuit est tombée et la route est devenue de plus en plus raide. L'asphalte a cédé la place à un chemin forestier qui s'est transformé à son tour en sentier des chèvres. Quelques tournants plus tard, le chemin s'est arrêté net, au milieu de la forêt, dans une pente raide. Les roues des voitures se sont mises à patiner et nous avons glissé sur les feuilles et les cailloux. En unissant nos forces, nous avons réussi à remettre les voitures sur la terre solide. Des chèvres ont ensuite déboulé sur le chemin et tout à coup, comme sorti du néant, un jeune homme aux yeux rieurs est apparu. C'était le berger qui travaillait cet été-là chez notre hôtesse sur l'alpage. Il nous a guidés à bon port à travers la nuit. Mario Mantese est arrivé le lendemain. Nous nous sommes assis ensemble devant la cabane et il nous a parlé de son accident. Dans sa carrière de musicien pop, il avait atteint exactement ce que je voulais atteindre moi aussi. Puis il a ajouté : « En perdant tout, j'ai tout gagné. » Comment cela pouvait-il être ? Sa remarque m'a fait réfléchir et je lui ai posé une question à ce sujet.

Question : Qu'entends-tu par tout perdre et tout gagner ?
MM : **J'ai perdu ma carrière, ma santé, ma relation de longue date et toutes mes ressources matérielles. Tout ce que je croyais posséder s'est évanoui en un rien de temps. Lorsque je me suis réveillé du coma un mois plus tard après mon accident, j'ai réalisé que j'étais aveugle, muet et entièrement paralysé. Tout ce que j'avais cru être avait été effacé. Quelque chose de tout à fait nouveau et d'inexplicable s'était réveillé en moi.**
Q : Tu as été cliniquement mort, est-ce que cela est en lien avec ce « j'ai tout gagné » ?
MM : **C'était important ! J'ai été cliniquement mort pendant plusieurs minutes et j'ai fait un gigantesque voyage dans l'au-delà. Plus tard, j'ai pris conscience que ce voyage à travers des mondes inconnus avait provoqué la mort de mon ego et que je vivais dès à présent hors du temps, de l'espace et du corps dans ce corps paralysé. J'ai réalisé que je n'avais jamais été un corps et que le « je » aussi bien que**

le corps ne sont que des apparitions dans la conscience pure, omniprésente. Désormais je percevais la vie et le monde comme un rêve, sans aucune sensation de temps et sans l'illusion d'être un être existant individuellement.
Q : Qu'as-tu réellement gagné ?
MM : **Ce que j'ai gagné, c'est ce discernement qu'il n'y a rien à perdre et rien à gagner lorsque l'on est sans « je » et que ce que nous sommes réellement est sans mort, sans forme et illimité. C'est une victoire sans vainqueur !**

La rencontre était faite avant tout de silence. Il nous a emmenés avec sa force à travers un monde d'images profond, semblable à un rêve. J'avais le sentiment d'avancer toujours plus loin et plus profond dans un enchevêtrement d'associations, puis tout à coup il n'y a plus eu d'images, simplement une sensation de présence. Toute notion de temps avait disparu et ma seule perception de l'espace était que j'étais moi-même l'espace tout entier. J'étais à la fois en moi, à côté de moi et en dehors de moi. Lorsque j'ai rouvert les yeux, j'étais convaincu d'avoir quitté mon corps à un moment donné.

Il l'a confirmé : « Oh oui, vous avez tous volé comme des anges, mais c'est terminé maintenant ! » Il avait voulu que nous fassions brièvement l'expérience qu'il y a une vie au-delà de la corporalité et que l'être humain n'est pas le corps (depuis lors son travail s'est toutefois entièrement transformé au fil des ans).

Bien sûr, une foule de questions me brûlaient les lèvres. Or, à cette époque déjà, il en allait comme aujourd'hui : dès qu'il est présent, toutes les questions disparaissent comme par enchantement. C'est ainsi que je mène souvent un dialogue intérieur avec lui, ce qui me fait économiser des frais de téléphone. Je pose ma question dans mon for intérieur et immédiatement elle disparaît car une clarification profonde se fait sur-le-champ.

DIEU NE DORT PAS

Dans les années qui ont suivi j'ai régulièrement participé à ses rencontres à Munich mais sans savoir exactement pourquoi. C'était un sentiment indéfinissable, il me semblait que ces rencontres pouvaient être bonnes ou importantes pour moi. A chaque fois, j'espérais que le sens des rencontres allait m'être révélé. Or l'antenne qui m'aurait permis de reconnaître leur véritable dimension me faisait défaut à cette époque.

Je le connaissais depuis plusieurs années déjà lorsque nous nous sommes rencontrés une fois dans un café de la ville où il habitait alors. Nous avons parlé de l'intensité et de l'importance de ses rencontres et j'ai pu lui poser ma question à ce sujet.

Question : Pourquoi cette force sacrée ne peut-elle pas m'accompagner tout le temps ? Dans les rencontres, elle est pleinement là mais dans la vie quotidienne elle semble se retirer de moi. Pourquoi ?
MM : **Inlassablement je veille sur vous, avec chaque respiration, avec tout ce que je suis, et tout ce qui existe réellement, c'est pourquoi vous n'êtes pas séparés de moi mais je ne suis pas ce que vous croyez.**

C'est là que j'ai commencé à entrevoir que son travail ne connaissait pas de pause de midi et ne s'arrêtait pas la nuit mais accomplissait à chaque seconde son œuvre libératrice. Subitement j'ai entrevu que cette lumière éternelle vivifiait et accompagnait chacune de mes respirations, que j'en sois conscient ou non. Comment avais-je pu me tromper à ce point et séparer ma vie entre la force de lumière sacrée et le quotidien puisque, en réalité, il n'y a qu'une source éternelle, sans commencement, qu'un seul Dieu. Force m'était d'admettre que je n'avais vu jusqu'ici dans ce travail sacré qu'une excursion spirituelle alors qu'il avait été et était toute ma vie. – J'avais presque honte de moi d'avoir méconnu si longtemps cette dimension inouïe. Tout à coup j'ai pris conscience que j'avais trouvé non seulement un ami mais mon maître spirituel véritable. Un maître spirituel qui vit hors de toute limitation et qui me prend par la main pour me conduire de l'obscurité vers la lumière éternelle.

Il n'y a pas de chemin et pourtant nous le suivons

L'idée qu'il existe un chemin spirituel où certains avanceraient plus vite alors que d'autres sont encore bien loin du « but » est un fantasme particulièrement tenace qui, un beau jour pourtant, allait être expédié vite fait bien fait. Un soir, Mario m'a raconté au téléphone qu'il y a quelques années son corps s'était embrasé intérieurement puis qu'il avait brûlé pendant plusieurs jours. Il s'était trouvé dans un état permanent de détachement sans dormir. Personne ne pouvait le toucher, même les vêtements lui faisaient mal. Son corps avait alors été transformé entièrement, l'éternel avait banni définitivement tout éphémère.

Pendant qu'il me racontait cela, j'ai pensé : « Bonté divine, même un être aussi réalisé que lui a encore des choses à retravailler ! ». Il a dû lire dans mes pensées car il a poursuivi : « Il n'y a pas de but à atteindre dans ce travail libérateur, je vais toujours aller de l'avant et toujours marcher, je suis un « marcheur » et cela même si personne n'est jamais venu qui puisse aller quelque part ! »

Ces paroles puissamment chargées ont pénétré au plus profond de moi, le sol s'est dérobé sous mes pieds. Pas de but ? Des galaxies de dimensions insoupçonnables ont explosé en moi. Je me suis aperçu à ce moment-là seulement que j'étais toujours parti de l'idée qu'il fallait tôt ou tard « arriver quelque part ». Plus tard, il a précisé encore : « Je ne vais nulle part, le marcheur est une apparition dans la conscience, je suis ici ! »

Ces moments d'enseignement profond lorsque le froid savoir se transforme subitement en une prise de conscience claire et intuitive sont particulièrement précieux. Un jour, il m'a montré avec beaucoup d'humour ce qu'est véritablement ce corps dont la présence charnelle nous paraît si réelle. Nous partagions un repas dans un restaurant à Munich lorsqu'il m'a raconté que dans les restaurants on l'avait parfois complètement ignoré, souvent aussi les serveurs ne voyaient que son handicap et se mettaient à lui parler soit très lentement ou très fort, bien qu'il entende parfaitement. D'autres fois encore, pensant qu'il était complètement saoul ou drogué, ils s'adressaient directement aux autres personnes attablées avec lui : « Que peut-on lui apporter ? », Cette image m'a fait sourire. Puis il a ajouté quelque chose qui m'a mis la puce à l'oreille : « Les humains sont des êtres superficiels, ils restent toujours accrochés à la surface de ce qu'ils perçoivent. » Ce disant, il me regardait d'un air très amusé, avec ses grands yeux rieurs. Il avait de nouveau chargé ces paroles d'une force immense de sorte que le sens profond de ce message simple s'est mué immédiatement en prise de conscience chez moi. J'ai vu tout à coup son corps devenir transparent, il n'était plus que lumière vibrante. J'ai perçu le fort champ d'énergie rayonnant et englobant tout, émanant de son être, et j'ai saisi ce qu'il est : « Il est pure lumière ». À ce moment, j'ai réalisé clairement que l'enveloppe visible de cet être de lumière universel est éphémère et sans importance et que cet être assis à côté de moi est illimité. À table, ce soir-là, il a exprimé cette belle image : « Viens, donnons à manger maintenant à l'illusion. »

DARSHAN

Peut-on décrire ce qui se passe lorsque le cœur déborde ? Non pas de bonheur ou de joie, non, tout à la fois de joie, de bonheur et d'amour indicibles. Une force chaude afflue et coule à travers nous : toutes les ombres et tous les tourments sont emportés, Il ne reste plus que cet océan de lumière. Les cœurs se remplissent de l'éclat de l'éternité – c'est ainsi que se vit le darshan avec Mario Mantese. Assis sur un petit sofa, il fait face aux participants installés sur des coussins à même le sol. Partout des fleurs éclatantes et des bougies qui brillent. Il n'y a pas si longtemps encore je me serais dit : ah, tiens, un gourou qui bénit ses disciples, c'est suspect. Le gourou est parfait et illuminé et ceux qui sont assis là ne désirent rien d'autre que d'être aussi parfaits et illuminés que lui. Ce n'est pas pour moi. A la rigueur peut-être, si j'étais né Indien.

Aujourd'hui, je suis infiniment reconnaissant de pouvoir vivre dans ce rayonnement sacré, lumineux et de boire ce nectar. Toutes les limitations et la dureté de cœur se dissolvent dans cette force de bonté et d'amour, seules demeurent une abondance et une grâce ineffables. C'est la rencontre directe – j'ose à peine l'écrire – avec Dieu. Oui, durant un instant je vois la face de Dieu, dans les yeux aimants d'un être qui est dans ce monde mais plus de ce monde. Comment ai-je pu oublier que - parce qu'il m'habite déjà - je n'ai nul besoin de chercher à mériter cet amour ? Je sens que chaque cellule du corps inspire et expire avec cette force infinie.

Comme je suis responsable de la musique pendant le darshan, je suis assis tout devant, près de lui. C'est ainsi que je baigne dans la lumière, je bois cette félicité et je vois comment son rayon d'amour traverse les êtres. Un homme plus âgé, victime d'une attaque cérébrale, s'avance et s'agenouille. Il ne tient que difficilement son équilibre. Sans doute est-il paralysé d'un côté. Mario « travaille » rapidement ce côté insensible.

Ses mains esquissent des mouvements dans l'air et la force qui émane à ce moment de lui est d'une telle puissance que le bras inerte de l'homme se met à trembler et à tressauter. Quelques instants plus tard tout son corps tremble violemment. L'homme pleure. Sa femme qui se tient debout derrière lui pleure aussi. Que de souffrances et de souci ce handicap a dû leur causer à tous deux et avec quelle légèreté ce nœud semble se dénouer maintenant. Beaucoup de personnes ont les larmes aux yeux pendant le darshan ou se mettent à sangloter. D'autres sont silencieux et restent profondément touchés par la force divine. Quel cadeau !

Une visite inattendue

Jusqu'à très récemment encore j'éprouvais des réticences à m'abandonner complètement à cet amour et à cette force anéantissant l'ego. Puis il y a eu ce jour très particulier. Nous nous étions donné rendez-vous avec Mario Mantese dans un beau restaurant, en Suisse. Le repas, délicieux, s'est prolongé et nous avons abordé entre autres aussi le thème des « maîtres spirituels ». J'étais pleinement conscient que j'étais assis ici face à un être extraordinaire mais je suis resté étrangement bloqué sur le sujet des « maîtres spirituels ». La percée ne s'est faite que plus tard dans la soirée lorsque ma femme et moi avons rejoint notre chambre d'hôtel.

Je venais de me coucher et d'éteindre la lumière et je m'apprêtais à m'endormir quiètement lorsque subitement Mario est apparu devant moi. Je le voyais les yeux fermés – mais ce n'était à coup sûr pas un rêve, je ne dormais pas. Sa présence tout entière était pure lumière et dégageait une énergie incroyable qui m'enveloppait comme une averse tiède et dorée, et me soulevait. Sans bouger les lèvres, il m'a demandé par télépathie : « Alors, où est le problème avec le maître ? » Il m'a regardé en riant gaiement, il a fait un pas dans ma direction, puis il m’a serré dans ses bras. J’ai juste eu le temps de penser : « Comme c’est étrange, il ne m’embrasse pourtant jamais », avant qu’une vague d’amour infini me traverse. Je ne faisais qu’un avec cette vibration divine qui a fait éclater tous les doutes et toutes les peurs. J’ai entendu le craquement. Depuis lors, il habite au plus profond de mon cœur. J’ai trouvé mon maître ! Ou peut-être est-ce lui qui m’a trouvé ?

Je ne suis pas le corps

Pietro Gentilini, Suisse romande

J'étais à la recherche de mon chemin spirituel depuis plusieurs années déjà. Je suivais des conférences, je lisais des livres ésotériques et je m'informais auprès de différents groupes spirituels. J'avais fini par adhérer à un ordre ésotérico-mystique connu parce que je pensais y trouver les réponses justes.

Le chercheur en moi explorait toutes les pistes spirituelles et cela n'a finalement été qu'une question de temps avant que j'apprenne un jour l'existence de Mario Mantese. C'est en 1992 que je l'ai rencontré pour la première fois.

Lors de cette première rencontre, j'ai entendu des paroles de sagesse, des contenus qui recoupaient en partie ceux de la formation ésotérique que j'avais reçue au sein de l'ordre. Malgré cela, j'ai ressenti ses paroles comme des attaques permanentes qui remettaient en question tout ce que j'avais entendu et lu jusqu'alors. J'étais très bouleversé et j'ai commencé petit à petit à douter de tout. S'ajoutaient à cela ses questions insolites qui vidaient immédiatement mon cerveau et m'empêchaient de penser. J'étais assis perplexe sur ma chaise, ne sachant pas ce qui m'arrivait.

J'avais été touché par quelque chose de profond et d'insaisissable et j'ai senti que je devais rester dans ce travail spirituel. Ensuite, je n'ai revu Mario que deux fois par année lors des rencontres ; parallèlement, je poursuivais mes études ésotériques au sein de l'ordre. Lorsque mon ami Franco a repris l'organisation des rencontres francophones et que je me suis aussi chargé de différentes tâches pour lui, je l'ai rencontré plus souvent. Nous nous sommes retrouvés de temps en temps pour partager un repas de midi et régler des questions relevant de l'organisation. C'est ainsi que j'ai eu l'occasion de faire sa connaissance de manière plus personnelle et de lui poser des questions au sujet de mon chemin spirituel.

Question : Comment puis-je atteindre le plus haut niveau de conscience ?
MM : **Tu ne peux pas ! Comment peux-tu atteindre quelque chose que tu es déjà ! Le corps est une projection de l'esprit, il crée le corps, y compris le cerveau et les organes des sens, et ensuite il prétend qu'il y habite ; mais cela, c'est un malentendu. Tu ne peux voir ni le corps, ni le monde en dehors de la plus haute conscience. Ce que tu vois, tu ne le vois que parce que tu es toi-même ce que tu vois, c'est-à-dire la totalité. Il est impossible de voir quelque chose en dehors de la plus haute conscience puisqu'il n'y a pas de séparation en elle ! Toutes les choses que tu perçois et ce que tu penses pouvoir atteindre sont semblables à une bulle d'air sur l'océan de la réalité. La plus haute conscience, cet océan de la réalité, est ce que tu es. Pourquoi te donnes-tu tant de mal à vouloir t'atteindre toi-même, puisque tu es déjà ce que tu veux atteindre, tu ne peux rien être d'autre.**
Q : Servir le monde et l'humanité de manière altruiste, c'est pourtant aussi un chemin vers la plus haute conscience ?
MM : **Lorsque tu dormais la nuit passée, t'efforçais-tu aussi de servir le monde et l'humanité de manière altruiste ? Dans ton sommeil, tu n'as perçu ni le monde, ni l'humanité, ils étaient effacés de la conscience et totalement inexistants. Ce n'est qu'au moment où tu t'es réveillé que tu as de nou-**

veau pensé au monde et à l'humanité mais, avec ou sans monde, tu as existé indépendamment de lui ! Tu n'es pas le monde, tu le perçois simplement en tant que tel.
Regarde bien : le monde entre le matin dans les pensées, que peut-il donc être d'autre qu'une pensée ? Le monde t'a-t-il dit « Je suis le monde », le corps t'a-t-il dit « Je suis le corps » ? Non, c'est toi qui penses et dis cela. Ces constructions de pensée sont tes propres projections et ces projections dépendent uniquement de la pensée du « Je ». Or, comme le « Je » n'est qu'une représentation, une projection dans la conscience, les représentations que tu as du monde et de l'humanité s'avèrent superflues.

Découvre ce que tu es vraiment, et tout sera en ordre et cela rendra service à tout le monde. Tu n'as dorénavant plus à te préoccuper d'atteindre la plus haute conscience, sois détendu et clair !

Une crise de larmes

Bien des mois après cette conversation, il m'a donné un nouveau rendez-vous. Il souhaitait examiner avec moi la possibilité d'éditer ses livres en langue française. C'était l'été, nous étions assis à l'ombre d'un grand tilleul dans le jardin d'un restaurant. À cette époque, je vivais une période de grande tension à cause de gros problèmes que je rencontrais à ma place de travail : il l'a perçu immédiatement. Un rayon de lumière a jailli de lui pour pénétrer profondément en moi. Tout à coup, j'ai senti une émotion puissante m'envahir et cette force m'a submergé comme un raz-de-marée. Il m'était absolument impossible de la contrôler, je sanglotais, les larmes coulaient sur mes joues : j'ai pleuré longtemps, haut et fort comme un enfant. Il est resté assis près de moi, sans mot dire et m'a laissé pleurer tout le temps qu'il fallait. Lorsque je me suis calmé petit à petit, il m'a expliqué que cela avait été une purification profonde, suscitée par la force d'amour universelle. Puis il a ajouté encore qu'on appelle ces réactions « kryas », qu'il s'agit d'un processus tout à fait normal, que beaucoup de personnes vivaient des expériences semblables en sa présence et que cela n'avait rien d'extraordinaire.

Le temps de la décision

Quelques semaines plus tard, il m'a appelé sans que je m'y attende pour me dire que le travail spirituel de l'ordre auquel j'appartenais était sans doute bon mais qu'il n'était pas compatible avec le travail de ses « cercles intérieurs », que ce travail était d'une tout autre nature et que je m'en rendais certainement compte. Il a précisé encore qu'il ne s'agissait pas là d'un jugement pour dire qu'un travail était meilleur que l'autre, ou que l'un était juste et l'autre faux, mais simplement qu'il était impossible de suivre les deux chemins en même temps. Je lui ai demandé pourquoi. Il m'a donné l'explication que voici : Au sein de l'ordre, on accomplit beaucoup d'exercices spirituels, on apprend des techniques de méditation, de respiration et de visualisation, des rituels et des mantras. Or son travail à lui consiste à arrêter définitivement toutes ces activités de l'ego et à les « désapprendre » car, dans l'accomplissement de toutes ces techniques et de ces exercices, c'est toujours l'ego qui se trouve au centre des événements. C'est toujours l'ego lui-même qui invente et exerce ces activités car il est assoiffé de pouvoir et de reconnaissance. Ces exercices et techniques donnent l'illusion qu'il y a un chemin menant de l'espace-temps à l'éternité, un chemin que l'ego, la personnalité subjective, pourrait suivre. Or, comme l'ego n'est qu'une apparition dans la conscience, tous les exercices et toutes les techniques ne sont rien d'autre qu'un mirage dans le désert. Là, il a ajouté qu'il ne pensait pas que Dieu faisait des exercices pour être Dieu !

Ses mots très forts ont provoqué un choc, ils étaient

sans compromis aucun. Après plusieurs jours et nuits de réflexion intense et profonde, j'ai su clairement que je devais cesser définitivement mon tourisme spirituel, il fallait que je me décide. J'ai donc quitté l'ordre et abandonné les exercices et les techniques que j'avais acquises. Au moment où j'ai vraiment lâché tout cela et que j'ai clos intérieurement ce thème, j'ai découvert avec bouleversement ce qu'il appelle « le visage de l'amour » et j'ai perçu sous un jour nouveau l'immense force de lumière qui émane de lui. Une fois de plus, il m'avait montré que la véritable clarification est la véritable libération. Jamais il ne m'a poussé à prendre une décision, il voulait que je me retire dans mon for intérieur pour trouver par moi-même la solution juste pour moi – je l'ai trouvée !

J'ai retrouvé le contact avec moi-même, avec les sentiments, les émotions, les peurs et les joies de mon enfance, dont je m'étais coupé. Je les avais écartés au cours de ma vie sans m'en rendre compte. Je continue de percevoir sa forte présence dans mon quotidien, je la sens physiquement dans mon cœur, dans ma tête ou d'autres endroits spécifiques de mon corps.

Lorsque nous avons de temps à autre un entretien téléphonique, je vis parfois encore de fortes « kryas », j'éclate en sanglots : l'immense lumière, omniprésente, qui émane de lui traverse tout.

En participant la première fois à un séminaire intensif à Zurich, j'ai vécu une expérience très puissante. Comme je ne maîtrise pas l'allemand, je voulais rester entièrement ouvert à l'atmosphère du séminaire et au rayonnement de la force de lumière. Au moment où nous sommes entrés dans le silence, j'ai été submergé par une énorme vague de cette force sacrée qui émane de lui, une forte chaleur s'est propagée à l'endroit de mon cœur. Une puissante émotion est montée en moi, telle que je l'avais vécue lors de ma première « krya », et j'ai eu l'impression de brûler. Après vingt minutes environ, cet état s'est mué en une paix infiniment profonde, un grand calme s'est emparé de moi – une purification sacrée et une libération m'avaient été données.

Lorsque le monde s'est arrêté

Yolande Favre, Suisse romande

Après une quinzaine d'années de recherches spirituelles intenses, j'étais saturée de théories, de concepts, de gourous, d'exercices et d'initiations. J'avais lu tant d'ouvrages ésotériques, philosophiques, des livres sacrés, j'avais testé tant de recettes censées m'apporter la paix intérieure, j'avais voyagé en quête d'une hypothétique illumination… J'avais cherché des voies, des chemins, des maîtres. Lassée de ce manège, j'ai décidé de rester tranquille là où j'étais et de vivre mon quotidien en toute simplicité.

C'est alors qu'une collègue et amie m'a invitée à une rencontre avec Mario Mantese. J'avais vaguement entendu parler de lui, mais je ne le connaissais pas. Le séminaire qui devait se dérouler pour la première fois en français, serait expérimental, dit-elle, Mario n'étant pas certain de pouvoir s'exprimer dans cette langue qu'il ne maîtrisait pas totalement. Une impulsion énigmatique, comme un appel venu d'un monde lointain et révolu, m'a incitée à y participer. Cette rencontre « expérimentale » où nous n'étions qu'une dizaine de participantes, a eu un effet radical et inoubliable sur moi : pendant un moment « hors du temps » j'ai touché à cette paix profonde et tant recherchée, j'ai eu le sentiment que mon âme avait enfin retrouvé sa véritable demeure. Mes larmes coulaient silencieusement sans discontinuer, une douceur et une paix ineffables m'habitaient.

Au moment de prendre congé, il m'a dit tranquillement « nous nous reverrons ». Je n'ai pas accordé grande importance à cette phrase, mais trois semaines plus tard, brusquement saisie d'une impulsion irréfléchie je l'ai appelé. Sans me poser de questions, il a convenu d'un rendez-vous. Et quelques jours après, en route vers la ville où il habitait, j'ai été prise d'une panique subite à l'idée de le rencontrer : en fait, je ne savais plus pour quelle raison je voulais le voir, les doutes m'assaillaient et des questions sans fin tournoyaient dans ma tête. Je me sentais ridicule aussi d'être si intimidée et une peur incontrôlable a pris le dessus.

Après un long temps d'hésitation, j'ai finalement sonné à sa porte en tremblant. Lorsqu'il a ouvert, son sourire rayonnant et sa simplicité auraient dû me mettre à l'aise mais j'ai pris place sur le sofa, raide, muette et presque paralysée. Pourtant, le jour précédent, j'avais écrit deux pages de questions à son intention : sur les maîtres et les gourous, l'esprit et l'âme, la mort, le suicide et la réincarnation et plein d'autres questions ésotériques. Ces deux pages étaient bien pliées dans ma poche, mais je n'osais pas les sortir. Soudain mes questions m'ont paru vaines, j'ai eu l'impression que je me trouvais là pour quelque chose de bien plus essentiel. Mais comme ce n'était pas clair du tout pour moi, je suis restée assise là, sans rien dire. Je ne savais plus rien, même pas pourquoi j'étais venue ici, ni ce que j'attendais, ni qui était cet homme en face de moi, ni pourquoi il m'impressionnait tout à coup à ce point.

Une brèche dans la forteresse

Mario a fait de son mieux pour tenter de me dérider, c'est lui qui me posait maintenant des questions. Comme je répondais laconiquement par « oui » ou « non », ou « je ne sais pas », il m'a finalement proposé de « faire un travail tout de suite » et m'a demandé de le suivre dans une autre pièce. Méfiante et sur mes gardes, je l'ai suivi. Lorsqu'il m'a invitée à retirer mes chaussures et à m'étendre sur le lit, j'ai pensé : « OK, tant que ce ne sont que les chaussures. » J'ai fermé les yeux et immédiatement le temps s'est dissous. Sans me toucher Mario a dirigé de fins faisceaux de lumière sur moi et à travers moi. L'énergie était si légère, à peine perceptible et pourtant l'effet produit a été impressionnant. Au bout d'un moment, il m'a dit que je pouvais rouvrir les yeux et m'a demandé ce que j'avais ressenti et vécu durant ce laps de temps. La situation m'embarrassait et j'étais très empruntée : j'étais toujours étendue sur le lit et lui, il était assis là, souriant et détendu. J'ai répondu : « J'ai l'impression d'avoir subi une opération, comme si l'on m'avait ouvert la poitrine et fait le ménage à l'intérieur d'une mécanique. On a enlevé de vieilles pièces abîmées pour les remplacer par de nouvelles, d'autres ont été huilées, tout l'espace a été nettoyé puis on m'a recousu la poitrine. Sur la zone de la cicatrice on a appliqué un baume pour qu'elle se referme bien et on m'a enveloppée d'un bandage de protection. » Il est parti d'un grand éclat de rire et m'a dit : « C'est exactement cela, sauf que ce travail a eu lieu à un niveau très profond et il va provoquer des réactions. Il te faudra être très vigilante dans les semaines à venir et porter une grande attention à tout ce qui va se passer autour de toi. » Il m'a dit aussi que le « travail » que nous allions faire ensemble était le travail d'une vie ; je n'avais bien sûr encore aucune idée de l'ampleur et de la profondeur de ce « travail », mais mon ressenti lors de la première rencontre avait été si puissant qu'une confiance intuitive s'était mise en place immédiatement.

Il a ajouté encore que j'étais une véritable forteresse - ce qui était une excellente image de l'état dans lequel j'étais à cette époque - et qu'il y avait ouvert une petite brèche. Puis il a précisé : « Si j'avais ouvert une brèche plus grande, tu ne l'aurais pas supporté. À partir de maintenant, tu l'agrandiras toi-même pour rouvrir le passage entre toi et le monde. Je ne peux pas faire le chemin à ta place. » Je savais parfaitement de quoi il parlait et il m'a placée immédiatement face à ma responsabilité. Le travail qui allait consister dans un premier temps à briser ma carapace intérieure serait douloureux et effrayant, mais grâce à son aide et à son soutien, et à ma détermination, cela allait être possible. J'étais prête pour un véritable changement, je l'avais souhaité du fond de mon être.

À sa demande, je l'ai appelé une fois par semaine durant les temps qui ont suivi. Les deux premières semaines, j'ai pu lui rapporter que tout allait bien. Il m'a répondu de rester vigilante et de continuer à l'appeler. La troisième semaine, des choses étranges ont commencé à se manifester dans ma vie. J'avais l'impression de revivre toute mon existence en accéléré : je rencontrais des gens qui ressemblaient étonnamment à mon mari (dont j'étais séparée), ou à mes meilleurs amis qui s'étaient suicidés, ou encore à des personnes de divers milieux que j'avais fréquentées autrefois. Bref, je ne cessais d'être confrontée à des gens qui avaient causé beaucoup de confusion ou de souffrance dans mon passé. Mario m'a confirmé que tout se passait comme ça devait se passer et qu'il me fallait rester calme et observer tout cela tranquillement. Je ne connaissais pas encore ce processus où l'on retrouve de vieilles situations afin de percer à jour leurs mécanismes pour s'en libérer définitivement. Il avait ouvert une porte pour moi afin que cela puisse se passer exactement de cette façon. Combien de fois m'a-t-il répété de rester calme ? Au début de chacune de ces confrontations, je restais effectivement calme pendant quelque temps, en observatrice étonnée et curieuse, puis j'étais peu à peu submergée par un tourbillon d'émotions incontrôlables et je replongeais dans des tempêtes intérieures que j'ai appelées plus tard « mes trous noirs ». Avec le temps, j'ai remarqué qu'il ne disait jamais rien à la légère et que chacune de ses paroles, chacun de ses mots revêtait une signification profonde. J'ai prêté plus d'attention à ses paroles même si je n'en saisissais pas toute la portée sur le moment. Je pense qu'il m'a fallu plusieurs années avant que son injonction « Reste calme ! » ne pénètre véritablement au plus profond de moi.

Des problèmes qui n'en sont pas

Très vite aussi j'ai réalisé qu'il pouvait lire dans mon passé ou mon présent comme dans un livre ouvert. J'ai eu maintes fois la preuve qu'il voyait au plus profond de mon être des empreintes inscrites à différents niveaux.

Quelques mois plus tard, c'est la délicate question de la manipulation qui allait se poser pour moi. Si Mario était à même de lire en moi comme dans un livre ouvert et s'il travaillait chaque jour avec les gens qui participaient à ses rencontres, il pouvait tout aussi bien nous manipuler à sa guise. J'en ai été très perturbée et après deux semaines d'hésitation, j'ai décidé d'aller le voir pour lui en parler.

Parfois, lorsque je me rendais chez lui, il écoutait mes questions ou les « problèmes » que je lui exposais. Un jour, il m'a dit : « Tes problèmes, si tu y crois, sont comme une chaîne de saucisses, un chapelet infini de saucisses ! » C'était une manière drôle de remettre les choses à leur place et de me faire réfléchir à la notion de problème.

Souvent, avant même que je n'aie ouvert la bouche, il se mettait à parler et les sujets qu'il abordait étaient exactement ceux pour lesquels j'étais venue m'entretenir avec lui. C'est exactement ce qui s'est passé concernant mon inquiétude sur l'éventualité d'être manipulée. Il m'a expliqué qu'il n'était pas un voyeur spirituel et qu'il ne regardait que ce qui touchait l'âme. S'il donnait une impulsion à l'âme dans son chemin de clarification et de libération, c'était néanmoins à chacun de faire les pas nécessaires, car il ne pouvait naturellement pas faire le chemin à notre place. Tout comme son travail est impersonnel à tout point de vue, son regard est aussi de nature impersonnelle en toutes circonstances. Il ne fallait pas commettre l'erreur de le confondre avec un médium ou un voyant, sa clairvoyance n'ayant absolument rien de commun avec la médiumnité. Il a ajouté qu'il ne possédait pas de forces occultes, que la Totalité s'exprimait sans intermédiaire. Il n'y a pas d'acteur qui agit, personne n'agit. Ses paroles claires et tranquilles ont balayé définitivement tous les doutes que j'aurais pu avoir concernant la manipulation ou le voyeurisme.

Lorsqu'il parle de travail impersonnel, on pourrait avoir une impression de froideur ou d'indifférence mais c'est justement cette « impersonnalité » qui est garante de la liberté de chacun et qui montre que l'amour absolu est à l'origine de ce travail. Elle démontre que l'amour véritable, pur, est toujours impersonnel.

Je trouve très beau ce qu'il dit des gens participant à ses rencontres : « Je n'attire ni ne rejette personne. Les gens viennent et si ce qu'ils entendent et vivent ici correspond à ce qu'ils cherchent, ils restent. Si ça ne leur convient pas, ils s'en vont, ils sont absolument libres. Leur venue, leur présence ou leur départ ne m'influencent pas le moins du monde, je suis libre d'eux et également libre de ce travail ! Il n'y a là personne qui agit ou n'agit pas, une totale absence du positif et du négatif ! »

La forteresse s'écroule

Au cours des premières années, je l'ai souvent rencontré. À cette époque, j'étais responsable de l'organisation des rencontres en Suisse romande et je ne cessais de m'étonner de la clarté, de la perspicacité et de la générosité avec laquelle il considère les choses et communique avec les gens. Je lui suis infiniment reconnaissante de tout le temps qu'il m'a consacré, de la patience et de la bonté qu'il m'a témoignées. Rétrospectivement, je vois ces années comme une période de lente mais profonde guérison de mon âme. Il terminait invariablement nos entretiens téléphoniques ou nos rencontres par cette phrase : « Tu n'es jamais seule ». Je sentais que ce n'étaient pas des mots mais de l'énergie qu'il me donnait, mais ma carapace et mes résistances ne se laissaient pas pénétrer si facilement. Et puis un jour, « la pièce est tombée » comme on dit, mon cœur s'est ouvert, l'énergie de ces mots a coulé en moi comme un feu bienfaisant qui consumait mes vieilles douleurs. À partir de ce jour-là, le sentiment de solitude et d'aliénation de ce monde, que j'éprouvais depuis si longtemps, s'est dissous peu à peu pour disparaître complètement. Je vivais enfin cette sensation d'unité avec le tout, dont parlaient tous les livres de spiritualité, mais qui était restée pour moi une sorte d'état idéal inaccessible.

Souvent, lorsqu'il commençait à parler, je devais me concentrer à l'extrême pour le comprendre. Puis, tout à coup, ses mots glissaient en moi, je ne savais plus si j'entendais avec mes oreilles. Tout effort de concentration avait disparu et même si je ne comprenais pas ses paroles, je les sentais à l'intérieur de moi. À ces moments-là, sa voix était particulièrement douce, je savais que c'était à mon âme qu'il parlait. Mes larmes se mettaient à couler, je sentais fondre mes résistances – tous ces raidissements qui me servaient à me défendre contre la douleur, ces croûtes dont j'avais recouvert mes anciennes blessures. J'aurais pu rester là pendant des heures à écouter cette voix et ces paroles – cette voix qui parlait à mon âme, qui la pacifiait et lui faisait retrouver sa douceur et sa paix.

Un jour, alors que nous étions assis à la terrasse ensoleillée d'un café, je lui ai posé une question qui me travaillait depuis fort longtemps.

Q : Comment est-ce que je peux arrêter mes pensées ? Même pendant la méditation, ça continue de penser dans ma tête. Un maître indien que j'ai suivi autrefois disait qu'il fallait nous efforcer de contrôler ce flux continuel et demeurer dans un état libre de toute pensée, c'est ainsi que nous pourrions réaliser le Soi. Rien de tout cela n'a fonctionné pour moi. Parfois je pense que je ne suis pas faite pour un chemin spirituel ou alors que je l'ai mal compris.
MM : **Penser est un mouvement dans le cerveau, une représentation de la raison. On réfléchit à des choses passées ou futures, mais toute pensée est relative et limitée. C'est pourquoi il est absolument impossible pour la raison de saisir ce qui n'est pas pensable et ce qui n'est pas intellectuellement compréhensible. Le relatif ne peut pas saisir la totalité, ni la réaliser. Dans la perception intuitive, directe, il n'y a ni pensées, ni raison car la Totalité n'est pas quelque chose de concevable. La pensée s'exerce à ne pas penser. Le contrôle des pensées est une méthode que la pensée elle-même a inventée. Rester de manière contrôlée dans un état libre de toute pensée n'est rien d'autre qu'un apaisement temporaire de l'ego. Celui qui s'exerce est lui-même relatif, donc comment cet état, qu'il produit lui-même, pourrait-il être réalité ? Le calme qui se produit dans cet état contrôlé disparaît aussitôt la méditation terminée. Le calme et le silence sont ce que nous sommes. Ces exercices et ces techniques créent tant d'agitation et font tant de bruit dans le silence. Tout est en ordre, pourquoi crées-tu inutilement du désordre ? Découvre celle qui pense, celle qui cherche, celle qui fait des exercices, et toutes les pensées disparaîtront. L'électricité passe à travers un fil. Si elle rencontre une résistance, la lampe s'allume, le même phénomène se produit avec la pensée. Dis-moi, est-ce que tu penses que tu existes, ou est-ce que tu le sais ?**

Q : Je sais que j'existe, c'est clair pour moi.
MM : **Dois-tu le prouver ?**
Q : Non.
MM : **Tu es comme un poisson dans l'océan qui passe sa vie à chercher ce que c'est que l'eau. Comme il ne trouve pas de réponse satisfaisante, il invente quantité de philosophies, d'exercices et de techniques et, malgré tous ses efforts, il ne trouve pas ce que c'est que l'eau. Sois toi-même et non pas ce que tu crois être. La manifestation du monde ne se produit que dans ta conscience. Dans l'état d'être originel et pur, la conscience s'élève comme une vague à la surface de l'eau et le monde apparaît et disparaît à l'intérieur de la conscience. Les vagues montent puis se défont mais l'océan reste toujours le même, intouché par les vagues. Laisse ces représentations du bien et du mal et du contrôle des pensées. Que veux-tu obtenir ? Tout ce qui est réellement, c'est toi, et tout ce que tu t'imagines et te représentes, ce n'est pas toi. Pourquoi veux-tu t'exercer à être toi-même ?**

Je suis restée assise là longtemps, calme et silencieuse, comblée de lumière et de paix.

Durant les premières années, lors des séminaires ou lorsque nous nous retrouvions, je me mettais à pleurer sans savoir pourquoi. C'était comme si une très ancienne douleur s'en allait, je sentais mon âme s'ouvrir et s'épanouir. C'était juste bien d'être assise là et de l'écouter à cœur ouvert. Tout ce qui s'était endurci dans ce cœur se mettait à fondre et, malgré mes larmes, je n'aurais pour rien au monde souhaité être ailleurs. Je me sentais à la maison, là où mon âme aspirait à être depuis si longtemps. Jusque-là ma vie n'avait été qu'une sorte de dépression sans fin que j'avais cherché à cacher tant bien que mal à mes proches. En fait, j'étais désespérée, je détestais le monde et toutes les limitations que m'imposaient le corps physique, le mental et les perceptions des sens. Enfant, j'avais souvent souhaité mourir. Je me sentais étrangère à ce monde, j'avais l'impression de ne pas en faire partie, je voulais rentrer « à la maison ». Cette nostalgie du retour chez soi était une forme de désespoir permanent.

Entre-temps beaucoup d'années ont passé, je ne sais pas exactement combien. Si je devais décrire en quelques mots le résultat de mes années de « travail » avec Mario, je dirais que je le vois avant tout dans l'orientation entièrement nouvelle de mon être intérieur : j'ai passé d'un état de sombre désespérance suicidaire et de révolte permanente à un sentiment d'amour de la vie, à une reconnaissance de la beauté de la vie et au sentiment d'être avec et non pas pour ou contre. Ce n'est pas que je trouve beau et louable tout ce qui se passe dans ce monde mais avant de m'indigner, je me pose la question de ma propre responsabilité. De quoi sont faits mes propres actes, mes pensées, mes paroles, mes sentiments ? Au lieu de me plaindre ou de critiquer, j'essaie tout d'abord de clarifier mes propres intentions. J'ai passé de la souffrance et de l'isolement total à la joie de vivre et à la capacité de voir la beauté. La bulle sombre dans laquelle j'évoluais a éclaté, je vois le monde dans toutes ses couleurs et tout son éclat. Autrefois je voyais tout en noir et blanc, ou plutôt en gris-noir. J'ai appris à communiquer. Mais avant tout, avec la lente dissolution de ma « forteresse », j'ai retrouvé en moi-même l'accès à la source de la tendresse et de la douceur et je peux accepter pleinement ces qualités de la part des autres, et également les offrir.

Un après-midi d'été, nous étions restés assis longtemps en silence au bord du lac qu'il aime tant. Le temps passait mais c'était comme s'il ne nous touchait pas. La lumière était merveilleuse, plein d'oiseaux volaient au-dessus du lac, des enfants jouaient tout autour de nous. Le monde palpitait de mille formes de vie et de couleurs dans ce profond silence et ce calme qui nous enveloppait. Je me sentais comblée par une vie au-delà de ces formes et de ces mouvements, et je savais : c'est cela, sa demeure, c'est là que vit Mario. Puis il a dit très lentement, avec insistance : « Il n'y a que la paix, Yolande, que la paix. »

Il s'est levé. Il semblait émerger d'une profondeur où je n'avais pas accès, d'un monde ou d'une lumière qu'il était seul à percevoir. Il paraissait comme ivre et marchait avec peine. À mon grand étonnement, j'ai remarqué que j'avais moi aussi comme perdu le sens de l'équilibre. Je n'étais pas sûre que le sol sur lequel je posais mes pieds soit très concret. J'ai cheminé à côté de lui, lentement et en silence, avec une légère sensation de flottement. Ses paroles continuaient de résonner au plus profond de moi : « Il n'y a que la paix, que la paix. » Des larmes coulaient sur son visage, perles d'amour, perles de lumière ?

Extrait du journal d'un voyageur des étoiles

Mario Mantese Maître M, Univers

La personne MM. n'est pas importante, elle n'est qu'un reflet, un sourire de l'Univers éternel. Or le non-manifesté et le manifesté ne sont pas séparés, ils sont un. De ce point de vue, l'Éveillé existe et n'existe pas, il est dans ce monde sans être de ce monde. Il est tout en tout – il est plénitude, omniprésence, amour universel et infini. Il est vide dans le monde et plein en Dieu. C'est sous l'angle de cette unité du manifesté et du non-manifesté qu'il faut lire et comprendre les lignes qui suivent. L'Univers éternel est illimité, sans commencement ni fin, l'essence de l'être humain est sans commencement ni fin, hors du temps et de l'espace, sans mort.

L'Éveillé est libre, il est et vit dans l'océan de lumière. Il a la possibilité d'apparaître dans un corps physique sur le plan relatif, puis il peut dissoudre cette projection. Tout cela ne se passe pas sans raison, mais demeure insaisissable pour l'esprit humain.

C'est dans ce contexte que m'est venu le besoin de vous rapporter un bref épisode de ma vie invisible et visible à la fois, donc de mon existence sans corps dans le corps. Jusqu'ici seule ma femme a eu connaissance de cet événement profondément bouleversant.

Cela s'est passé un jour de décembre il y a quelques années. J'étais installé sur le canapé dans le salon, le soleil de l'après-midi inondait les lieux d'une lumière douce. Lorsque je me suis levé pour sortir, une force prodigieuse a soudain envahi la pièce. Que se passe-t-il, qu'est-ce qui m'arrive ? me suis-je demandé. D'un seul coup ma perception a subi une profonde transformation. C'était comme si le Royaume de lumière céleste s'ouvrait en moi et autour de moi. C'était d'une force inouïe, j'étais si impressionné que je me suis demandé encore une fois : qu'est-ce qui m'arrive ? Je ne ressentais aucune peur, mon corps était pure lumière blanche, d'un éclat indicible. J'ai pensé : Maintenant, je vais mourir !

Et puis, je l'ai vu, lumineux et rayonnant comme mille soleils. Je l'ai reconnu immédiatement, c'était mon maître, et il n'était pas seul.

Un groupe d'élèves l'accompagnait. Ils se tenaient au loin et me regardaient dans un silence tranquille.

Ils étaient venus d'insondables tréfonds de l'Univers jusqu'ici.

Puis, sortant de ce lointain, mon maître s'est dirigé vers moi à une vitesse prodigieuse. Tout à coup, il était debout devant moi, dans la salle de séjour, et m'a dit : « Viens ! »

Un instant plus tard, nous avons quitté ensemble la pièce. Je n'avais pourtant pas quitté mon corps, non, dans le champ vibratoire gigantesque de mon maître, dans cette vibration incroyablement élevée, mon corps physique m'accompagnait, et ce n'était pas la première fois.

« La vieille ombre a maintenant disparu, aimerais-tu nous accompagner ? », a-t-il demandé d'une voix douce. « Maître », lui ai-je répondu, « ce serait beau mais que diraient mes bien-aimés si je disparaissais ainsi dans l'Univers invisible sans rien leur dire, et comment le vivraient-ils ? Mon travail n'est pas encore accompli entièrement non plus.

Si je devais mourir maintenant selon les lois de la nature et quitter mon corps, ce serait triste pour eux mais ils pourraient le comprendre. »

Il avait lu mes pensées et estimait que ma décision était juste. Là, j'ai senti que son invitation avait été une mise à l'épreuve à un niveau subtil !

Sa venue avait pourtant une raison profonde. Il m'a donné des explications importantes et des indications concernant l'avenir cosmique de la planète et de l'humanité – en rapport avec mon activité spirituelle sur la terre.

Puis il a poursuivi sur le plan intérieur : « Tout l'Univers existe en toi, et toi dans tout l'Univers. Bien que tes activités apparaissent comme des « activités », il ne te reste plus rien à faire, et bien que tu penses, il ne te reste plus rien à penser. Ton amour universel est le nectar qui métamorphose le monde des humains. Des milliers viendront à toi pour boire ce nectar sacré. Des milliers vont être tirés de leur sommeil de mort par cette force céleste. Tu vas accomplir ton devoir céleste, continue à protéger ton nom céleste. »

Puis je me suis retrouvé seul dans la salle de séjour, sans savoir combien de temps j'avais été absent. Je suis resté assis durant des heures, sans bouger et sans dire un mot.

Cette rencontre a résonné en moi des semaines encore, quelque chose s'est transformé profondément en moi. Je demeurais comblé par cette immense force de lumière avec laquelle le maître m'avait emmené vers l'Univers intérieur sacré. Mon corps était devenu pure lumière blanche, transparent, de nobles profondeurs et subtilités se révélaient, une liberté inconcevable, au-delà de ce monde.

Nous ne pouvons que deviner quelles gigantesques

forces et intelligences célestes sont à l'œuvre dans l'Univers sacré. Comme nous ne vivons pas séparés de l'Univers sacré, ces possibilités spirituelles incommensurables et illimitées existent aussi en nous et nous rendent humbles, vigilants et simples.

Que la paix, la lumière et l'amour soient avec vous tous !

DU MÊME AUTEUR CHEZ LE MÊME ÉDITEUR

➪➪➪➪

De temps immémorial, il y eut sur notre planète Terre des hommes ayant atteint des degrés de réalisation spirituelle importants. Nombre d'entre eux entrent sur la scène publique afin d'attirer l'attention de l'humanité sur le véritable sens de notre existence et pour accompagner ceux qui y sont prêts vers des niveaux de conscience supérieurs.
D'autres, en revanche, vivent discrètement à l'écart, retirés dans la gigantesque chaîne montagneuse de l'Himalaya. Ce livre raconte l'étrange rencontre, voulue par le destin, d'un homme avec un tel Maître insolite. Les enseignements non orthodoxes avec lesquels ce dernier le confronte au départ montrent avec quelle force la raison rigidifiée et structurée se trouve agressée et déstabilisée lorsqu'elle approche un tel être universel.
La rencontre avec ce Maître libéré, qu'il ne fut possible de classer dans aucune catégorie, provoqua une profonde crise et une grande déstabilisation. Ce fut un voyage comparable à une descente dans le cratère d'un volcan en activité.
L'amour, la sagesse et l'incommensurable force que le lecteur de ce livre expérimentera directement ouvrent un chemin conduisant au terme et au dénouement de tous les chemins : le retour vers le non-être infini.

Un événement tragique met fin brutalement à sa carrière de jeune bassiste du célèbre groupe américain soul et funk Heatwave, à l'issue d'une soirée de gala. Mario Mantese est cliniquement mort pendant plusieurs minutes ! Alors que les médecins l'opèrent à cœur ouvert durant des heures et luttent pour sa vie, il parcourt des continents intérieurs dans l'au-delà. Les expériences qu'il y fera vont transformer sa vie de fond en comble. Il restera dans le coma plusieurs semaines. Au réveil, il réalise qu'il est aveugle, muet et que son corps est entièrement paralysé. Il dit : En tout premier lieu, j'ai compris que ma vie n'a jamais été dépendante d'un corps physique. À travers une profonde prise de conscience et de nouvelles connaissances, il a largement recouvré sa santé physique. Il est parti en voyage et a séjourné pendant près de quatre ans en Inde où il va retrouver le fil d'or de ses incarnations précédentes. Le récit de ses expériences vécues avec des maîtres et des siddhas rencontrés en Inde est extraordinaire et fascinant.

En priant, tu invoques le divin. En priant,
tu t'adresses à ce que tu découvres en toi :
le Royaume, l'étincelle de cette Lumière des lumières dont le rayonnement dépasse tout et qui brille en toi. Autrement dit, comme l'exprimait Maître Jésus : tu t'adresses au Royaume de Dieu en toi-même. Ces prières, je les ai écrites pour toi.
Ayant jailli dans mon cœur, elles affluent
maintenant en un puissant flux de lumière
et de force dans ton cœur.
C'est en les lisant à haute voix que tu verras
ces prières déployer leur plus grande efficacité.
Laisse en silence les mots agir en toi.

Pour Mario Mantese, l'organisme cosmique et la structure du monde sont l'expression de l'intelligence inconcevable de l'êtreté divine qui vit en nous en tant que principe opérant et créateur. C'est le Cœur universel qui palpite dans la nature toute entière.
Mario Mantese nous invite à vivre comme si nous étions dans ce monde mais pas de ce monde, libres de notre existence marquée par la dualité. Le but : la perception calme et lucide de « TOUT ce qui est » et du « non-être dans l'être ».

Tout ce que tu as imaginé, tu l'es devenu et tout ce que tu as désiré a dû s'accomplir. Il n'y a qu'une chose que tu as oubliée entretemps : la véritable origine de tout ce qui peut être imaginé et désiré.

En 1993, Mario Mantese a vécu quelque chose de très étrange : il a senti la présence de l'immortelle force divine. Dans le même temps se forma dans son âme l'image d'un lumineux collier de perles d'amour, d'où s'écoulaient des gouttes de lumière spirituelle qui se transformaient en aphorismes dans son esprit. Quelque temps plus tard, il les retranscrit et publie ce petit livre.

Depuis, des milliers de personnes ont pu le lire en langue allemande et en tirer force, consolation, amour ou éveil spirituel. Cet ouvrage était donc très attendu.